Cultura e Barbárie
Européias

De Edgar Morin:

Amor Poesia Sabedoria

A Cabeça Bem-feita

Ciência com Consciência

Meus Demônios

A Religação dos Saberes

O Mundo Moderno e a Questão Judaica

Cultura e Barbárie Européias

Filhos do Céu
(com Michel Cassé)

Edgar Morin

Cultura e Barbárie Européias

Tradução
Daniela Cerdeira

Copyright © Bayard, 2005

Título original: *Culture et barbarie européennes*

Capa: Evelyn Grumach/eg design

Editoração: DFL

2009
Impresso no Brasil
Printed in Brazil

CIP-Brasil. Catalogação na fonte
Sindicato Nacional dos Editores de Livros, RJ

M85c Morin, Edgar, 1921-
        Cultura e barbárie européias/Edgar Morin; tradução Daniela Cerdeira. – Rio de Janeiro: Bertrand Brasil, 2009.
       108p.

       Tradução de: Culture et barbarie européennes
       ISBN 978-85-286-1377-3

       1. Violência política – Europa – História – Congressos. 2. Europa – Civilização – Congressos. 3. Europa – História – Congressos. I. Título.

09-0535
                                                CDD – 940
                                                CDU – 94(4)

Todos os direitos reservados pela:
EDITORA BERTRAND BRASIL LTDA.
Rua Argentina, 171 — 1º andar — São Cristóvão
20921-380 — Rio de Janeiro — RJ
Tel.: (0xx21) 2585-2070 — Fax: (0xx21) 2585-2087

Não é permitida a reprodução total ou parcial desta obra, por quaisquer meios, sem a prévia autorização por escrito da Editora.

Atendemos pelo Reembolso Postal.

*Para Jean-Louis
e Natascha Vuillerme*

Sumário

I. Barbárie humana e barbárie européia........ 9

II. Os antídotos culturais europeus 41

III. Pensar a barbárie no século XX 71

I
Barbárie humana e barbárie européia

Gostaria de começar por um esboço da antropologia da barbárie humana.[1] Em todos os meus trabalhos, tentei mostrar que as idéias de *Homo sapiens*, *Homo faber* e *Homo economicus* eram insuficientes: o *Homo sapiens*, racional, pode ao mesmo tempo ser *Homo demens*, capaz de delirar, de experimentar a loucura. O *Homo faber*, que sabe fabricar e utilizar instrumentos, também é capaz, desde o início da humanidade, de produzir inumeráveis mitos. O *Homo economicus*, que se determina em função de seu interesse próprio, é também o *Homo ludens* —

---

[1] Este texto é a transcrição corrigida de três conferências feitas na Biblioteca Nacional François-Mitterrand, nos dias 17, 18 e 19 de maio de 2005. Agradeço a Jean Tellez por ter colaborado de maneira indispensável nas correções e na formatação final. Agradeço igualmente a Jean-Louis Pouytes, cuja leitura das provas me foi tão útil.

analisado há algumas décadas por Huizinga —, ou seja, o homem do jogo, do gasto, do desperdício. É preciso integrar e relacionar essas características contraditórias. Na origem do que se considera barbárie humana, encontra-se evidentemente esse lado "demente", produtor de delírio, de ódio, de desprezo e do que os gregos chamaram *hybris*, a desmedida.

Poder-se-ia imaginar que o antídoto para "demens" se encontra em "sapiens", na razão, mas a racionalidade não pode ser definida de maneira unívoca. Nós muitas vezes acreditamos estar na racionalidade quando na verdade estamos na racionalização, um sistema perfeitamente lógico mas que não possui base empírica que permita justificá-lo. E nós sabemos que a racionalização pode servir à paixão, e até mesmo levar ao delírio. Existe um delírio da racionalidade fechada.

O *Homo faber*, o homem que fabrica, cria também mitos delirantes. Ele dá a vida a deuses ferozes e cruéis, que cometem atos bárbaros. Já retomei de Teilhard de Chardin o termo "noosfera", que na minha conceituação designa o mundo das idéias, dos espíritos, dos deuses produzidos pelos seres humanos dentro de sua cultura. Mesmo sendo produzidos pelo espírito humano, os deuses adquirem uma vida própria e o poder de dominar os espíritos. Dessa forma, a barbárie humana engendra deuses cruéis, que, por sua vez, incitam os seres humanos à barbárie. Nós modelamos deuses que nos modelam. Por outro lado, não se pode reduzir essa possessão pelas idéias religiosas apenas ao aspecto bárbaro. Os deuses que dominam os fiéis podem obter deles não apenas os atos mais terríveis como também os mais sublimes.

Como as idéias, as técnicas que surgem do humano também se voltam contra ele. A época contemporânea nos revela uma técnica que se libera, escapando à humanidade que a produziu. Nós nos comportamos como aprendizes de feiticeiros. Além disso, a técnica traz com ela a sua própria barbárie, uma barbárie do cálculo puro, fria, glacial, que ignora as realidades afetivas propriamente humanas.

Quanto ao *Homo ludens*, podemos notar que ele possui jogos cruéis, como o jogo do circo ou a tauromaquia, mesmo que tantos outros jogos não tenham esse mesmo caráter bárbaro. Para terminar, o *Homo economicus*, que coloca o interesse econômico acima de tudo, tende a adotar comportamentos egocêntricos, que ignoram o outro e que, dessa maneira, desenvolvem sua própria barbárie. Assim, podemos ver as potencialidades, as virtualidades da barbárie aparecerem em todos os traços característicos da nossa espécie humana.

Contudo, vale dizer que as possibilidades de barbárie não são as mesmas nas sociedades arcaicas e nas sociedades históricas. As sociedades arcaicas se espalharam por todo o planeta há dezenas de milhares de anos. Elas produziram uma extrema diversidade de línguas, de culturas, de músicas, de ritos, de deuses. Todas elas têm uma característica em comum: são pequenas sociedades de algumas centenas de indivíduos que se dedicam à caça e à coleta. Elas são praticamente auto-suficientes, não precisam conquistar o território de uma outra sociedade. Muito provavelmente se envolvem em guerras locais, e talvez mesmo em assassinatos.[2]

Essas sociedades nada têm em comum com as sociedades históricas surgidas dessa formidável metamorfose que começou há cerca de oito mil anos

---

[2] Comportamentos assassinos foram descobertos entre chimpanzés.

no Oriente Médio, na bacia do rio Indo, na China, depois no México, e nos Andes. Essa metamorfose produziu as grandes civilizações das sociedades que contam milhares, por vezes milhões de membros, que praticam a agricultura, que constroem cidades, criam Estados, grandes religiões, inventam os exércitos, desenvolvem consideravelmente as técnicas. Mesmo que alguns traços de barbárie pudessem caracterizar as sociedades arcaicas, é nas sociedades históricas que assistimos ao surgimento dos traços de barbárie ligada ao poder do Estado e à desmedida demencial, a *hybris*. Conquistas são levadas a cabo para garantir matérias-primas ou reservas de subsistência para os períodos de seca ou de excesso de chuva. Mas se produz, sobretudo, uma verdadeira série de conquistas, que ultrapassa a simples necessidade vital e se manifesta através de massacres, destruições sistemáticas, pilhagem, estupros, escravidão. Há, portanto, uma barbárie que toma forma e se desencadeia com a civilização.

Além disso, essas grandes sociedades se caracterizam por um desenvolvimento urbano sem precedentes, elas formam Babilônias, em que se reúnem populações diferentes, classes diversas fundadas na dominação dos mestres e na submissão generalizada. Nas classes miseráveis, desenvolve-se a delinqüência, a criminalidade. Já nas sociedades arcaicas, demograficamente restritas, a maioria dos indivíduos se integrava à coletividade, a marginalidade devia ser exceção. Reinava uma espécie de superego da coletividade, sobretudo porque essas sociedades eram regidas pelo mito do ancestral comum, que encorajava a fraternidade entre todos os membros.

Nos grandes impérios, nas cidades-Estado, desenvolveram-se focos de delinqüência e criminalidade. Vemos surgir então deuses ferozes e guerreiros, deuses que exigem a exterminação do inimigo. A barbárie da guerra não pode ser separada da época histórica. A história das grandes sociedades é a história das guerras ininterruptas, como mostrou Gaston Bouthoul, fundador da polemologia. Contudo, juntamente com essa barbárie, essas sociedades geraram um florescimento das artes e da cultura, um desenvolvimento do conhecimento, e o surgimento de uma elite culta. A barbárie é então como que um ingrediente das grandes civilizações. Como Walter Benjamin bem evidenciou, não existe marca ou ato de civilização que não seja ao mesmo tempo um ato de barbárie. Uma questão então sobressai: se, por um lado, podemos e devemos resistir à barbárie, e até mesmo tentar recusá-la, não seria ela um ingrediente de civilização que jamais poderá ser suprimido?

A barbárie não é apenas um elemento que acompanha a civilização, ela é uma de suas partes integrantes. A civilização produz barbárie, e, principalmente, ela produz conquista e dominação. A conquista romana, por exemplo, foi uma das mais bárbaras de toda a Antigüidade: o saque de Corinto, na Grécia; o cerco de Numância, na Espanha; a destruição de Cartago etc. No entanto, a cultura grega infiltrou-se no mundo romano, que se tornou um império. Daí a famosa frase do poeta latino: "A Grécia vencida venceu seu feroz vencedor." A barbárie, assim, produziu civilização.

A conquista bárbara dos romanos conduziu a uma grande civilização. No ano 212, o Édito de Caracalla estendeu a cidadania romana a todas as pessoas originárias desse vasto império que cobria a África do Norte, grande parte da Europa do Leste e Inglaterra.

Permitam-me aqui um parêntese — pois não me restrinjo aqui a um discurso linear, mas faço convite a uma reflexão sobre momentos históricos — para lembrar que Simone Weil, num artigo da revista *Nouveaux Cahiers*, publicado às vésperas da Segunda Guerra Mundial, antevia o mesmo destino para o Império europeu depois da conquista nazista. Ela previa uma vitória da Alemanha e, dois séculos depois, um florescimento das civilizações, no modelo produzido por Roma, o que, como sabem, não lhe impediu de convictamente tomar parte na Resistência. Mesmo assim, essa idéia acabou por inspirar socialistas e pacifistas, que se tornaram colaboracionistas logo no início da guerra, quando ela ainda não era mundial, e quando se imaginava que a Alemanha nazista dominaria permanentemente a Europa. Muitos acreditavam, tragicamente, que ao colaborar com a Alemanha de Hitler estariam na verdade colaborando com a construção de uma Europa socialista.

Faço alusão a esse artigo porque ele também me influenciou, não no que diz respeito à Alemanha nazista, mas com relação à União Soviética. Em 1942, com vinte e um anos, eu já estava a par dos piores aspectos da URSS, não tinha esquecido o processo de Moscou, tinha lido Trotski e Souvarine. Minha idéia era que a vitória da União Soviética permitiria a eclosão das sementes de ideologia comunitária, igualitária e libertária, presentes na ideologia socialista, que floresceriam numa era maravilhosa de harmonia social. Meu desencanto começou com a Guerra Fria e o endurecimento do regime stalinista. Mesmo hoje em dia, não posso me afastar da idéia de que a União Soviética, talvez, pudesse ter realizado, com o tempo, os ideais e os fermentos de civilização que a barbárie acabou por sufocar antes. As conquistas bárbaras podem conduzir ao florescimento de uma civilização, sem que isso signifique, obviamente, que essas barbáries originárias devam ser retrospectivamente justificadas, nem encobertas pelo esquecimento.

Há também uma barbárie religiosa que deve ser mencionada. Na Antigüidade, os povos do Oriente Médio tinham, cada um, o seu deus da guerra, impiedoso diante dos inimigos. Contudo, tanto na Grécia como na Roma Antiga, o politeísmo tornou possível a coexistência de deuses diferentes. O politeísmo grego acolheu um deus aparentemente bárbaro, violento, um deus da embriaguez, da *hybris*: Dioniso. A extraordinária peça de Eurípedes, *As bacantes*, mostra a chegada destruidora, insana, desse deus. Nem por isso, Dioniso deixou de integrar a sociedade dos deuses gregos. No século XIX, quando Nietzsche levanta a questão da origem da tragédia, ele frisa o aspecto duplo que caracterizava a mitologia grega. De um lado, Apolo, símbolo da moderação; do outro, Dioniso, símbolo do excesso. É justamente essa dualidade e complementaridade entre Apolo e Dioniso que é ilustrada por Heráclito na frase: "Unam o que concorda e o que discorda."

O Império Romano se caracterizava, antes do cristianismo, pela tolerância religiosa. Os cultos mais diversos, inclusive o culto dos deuses da salvação, tais como o de Osíris, Mithra, e também o orfismo, eram perfeitamente aceitos. O monoteísmo judeu, e em seguida cristão, trouxe, juntamente com o seu universalismo potencial, a sua intolerância específica — que eu até chamaria de barbárie específica —, fundada sobre o monopólio da verdade da sua revelação. Com efeito, o judaísmo não podia senão conceber os deuses romanos como ídolos sacrílegos. E o cristianismo, com o seu proselitismo universalista, viria apenas a acentuar essa tendência. Enquanto o judaísmo tinha a possibilidade de se manter isolado, nessa aliança privilegiada que acreditava manter com

Deus, o cristianismo procurou destruir os outros deuses e as outras religiões. Além disso, o seu reconhecimento como única religião do Estado levou ao fechamento da escola de Atenas, pondo fim, desse modo, a toda filosofia autônoma.

Uma das armas da barbárie cristã foi a utilização de Satanás. Obviamente, é preciso ver nessa figura o separador, o rebelde, o negador, o inimigo mortal de Deus e dos humanos. Aquele que se opuser e que não quiser renunciar à sua diferença fatalmente estará possuído por Satanás. Essa máquina argumentativa delirante foi uma das formas encontradas pelo cristianismo para exercer a sua barbárie. É bem verdade que a arma satânica não é uma exclusividade do cristianismo. Vemos hoje claramente o quanto a imagem de Satanás surge mais do que nunca no virulento discurso islâmico.

E mesmo quando surgiram no interior do cristianismo triunfante correntes de pensamento variadas, interpretações diferentes da mensagem da origem, em vez de tolerá-las, ele reagiu, elaborando uma ortodoxia impiedosa, denunciando os desvios como heresias, perseguindo e destruindo com ódio, em nome da religião do amor.

* * *

Essas observações deixam claro que, mesmo não tendo a Europa o monopólio da barbárie, nela manifestaram-se todas as formas de barbárie próprias às sociedades históricas que acabo de mencionar. E de maneira mais duradoura, intensa e, muito provavelmente, mais inovadora. Essa inovação na barbárie está ligada à formação das nações européias modernas: Espanha, França, Portugal, Inglaterra. As nações são profundamente diferentes das cidades-Estado e dos impérios. Elas reúnem populações mais diversas do que as cidades-Estado — uma nação como a França, por exemplo, integra uma significativa diversidade de etnias. E, com relação aos impérios, a verdadeira diferença reside na atividade integradora do Estado-nação, que reúne numa única identidade nacional os seus elementos diversos.

A Espanha é um caso exemplar. Até 1492, existia na região islâmica, Al Andalus, tolerância para com cristãos e judeus, da mesma forma que na região cristã se mantinha a tolerância para com muçulmanos e judeus. O que ocorreu no ano incomum de 1492? Não foi apenas o ano do descobrimento da América e do início da conquista do Novo Mundo. Foi também o ano da tomada de Granada, último bastião muçulmano na Espanha, a que se seguiu o decreto que impôs aos judeus e muçulmanos a escolha entre conversão e expulsão. Essa invenção européia, a nação, construiu-se, portanto, sobre uma primeira base de purificação religiosa.

Progressivamente, essa purificação ganhará um viés étnico. Ainda na Espanha, no início do século XVII, dois séculos depois do decreto que impunha aos judeus e muçulmanos a dita escolha entre conversão e expulsão, notava-se, principalmente na Andaluzia, uma forte presença mourisca. Eram mouros oficialmente convertidos ao catolicismo mas que continuavam manifestando privadamente suas crenças, dentro das grandes propriedades. Os latifundiários, os senhores proprietários, ou toleravam ou fingiam nada notar. Em qualquer galpão sumariamente adaptado para servir de mesquita, vestígios de cultos muçulmanos podiam ser celebrados. Contudo, tal coisa não seria tolerada pela Inquisição. Vale notar que o princípio de purificação étnica não foi proclamado pela Inquisição. A Inquisição perseguiu judeus e muçulmanos convertidos que continuavam a praticar suas religiões privadamente, mas a partir do momento que a sinceridade da fé cristã era comprovada, eles tinham garantidos todos os direitos reservados cristãos. Mas uma nova onda de intolerância leva à expulsão dos mouros. Mulheres eram separadas de seus maridos, que eram embarcados em direção à África do Norte. Passou-se dessa maneira da purificação religiosa à purificação étnico-religiosa. Dentro de uma parte da aristocracia e burguesia espanhola, desenvolveu-se uma tendência a querer impor a *limpieza del sangre*, a pureza do sangue, que já é uma noção racial, racista. Mas os monarcas espanhóis não seguiram essa tendência e a pureza do sangue nunca foi oficializada. Enfatizo aqui que a Inquisição em si não defendia exatamente essa idéia. Apenas a purificação religiosa era verdadeiramente almejada. Mas essa pureza começou a ser associada a uma outra, e uma intolerância ganhou vida sob a outra.

Mais tarde analisarei uma das conseqüências dessa tentativa de purificação religiosa na Espanha, conseqüência menos evidente, no entanto, muito profunda, caracterizada pelo fenômeno dos *conversos*, designados pejorativamente como *marranos*.

Para finalizar sobre essa questão, é importante lembrar que a intolerância religiosa espanhola se desgovernou durante a conquista das Américas, provocando a destruição de todas as religiões pré-colombianas.

Mesmo que se possa considerar que o germe da purificação religiosa tenha sido plantado com o triunfo do cristianismo no Império Romano, foi com o surgimento do Estado-nação que esse princípio ganhou considerável reforço — a tal ponto que as guerras de religião, que eclodiram no século XVI, após a reforma de Lutero e Calvino, foram antes guerras civis, para apenas depois se transformarem também em guerras entre nações. Essas guerras terminam com a assinatura dos tratados de Vestfália, que acentuarão essa tendência dominante de purificação religiosa em cada nação. Esses tratados instauram a religião do príncipe como a religião do Estado — princípio importante para a Alemanha, dividida em principados. Na Inglaterra, o anglicanismo vai se constituir com a expulsão do catolicismo, tendo muitos católicos que emigrar para Livorno ou para a França no século XVI. Houve a exceção francesa, provisória, o Édito de Nantes, assinado em 1598 por

Henrique IV. Provisória porque, com Luís XIV, o Édito foi severamente abalado pelas *dragonnades* e pelas restrições aos direitos impostas aos protestantes. Como sabem, o Édito de Nantes é abolido em 1685, e a essa abolição se seguiram muitíssimas e trágicas conseqüências.

Nas cidades dos Países Baixos que não se encontravam organizadas segundo o princípio de nação, a tolerância religiosa persistiu, especialmente em Amsterdã, onde era possível até não praticar nenhuma religião. Calvinistas, luteranos, católicos e judeus coexistiam. Spinoza, depois de excomungado pela Sinagoga, não se ligou a nenhuma outra religião e pôde continuar vivendo em total independência. Até o fim do século XVIII, foi em Amsterdã que foram impressos muitos dos livros proibidos pela censura na França.

Podemos considerar esses fenômenos de purificação as doenças infantis das nações ocidentais modernas. Mas essas nações serão elas próprias capazes de encontrar o antídoto para esse veneno. Inspirada pelo Iluminismo, uma nova concepção de Nação surge a partir da Revolução Francesa. No dia 14 de julho de 1790, um ano depois da tomada da Bastilha, representantes de todas as províncias da França se reúnem na grande festa das federações, declarando dessa forma a intenção partilhada de fazer parte da grande nação: uma nação como a França é concebida como o produto de uma vontade comum. Essa idéia de um espírito em comum e de uma vontade em comum se desenvolve, destacada no século XIX por pensadores como Renan, para quem "a existência de uma nação é um plebiscito diário". Essa idéia se afirma em oposição às teorias dos filósofos alemães, como Herder e Fichte, que insistem antes na importância do solo, da língua e da cultura na definição de uma nação. Essa oposição fica evidenciada na disputa franco-alemã pela Alsácia-Lorena. Para os franceses, a Alsácia e os alsacianos eram franceses por vontade própria, pelo espírito francês que traziam em si, enquanto os alemães defendiam que eles eram de etnia e cultura alemãs, portanto alemães.

De qualquer modo, profundamente inspirada pela concepção revolucionária, uma certa idéia moderna de nação passa a ser implementada: integração de etnias diferentes através da educação, laicidade, meios de comunicação, desenvolvimento de estradas e ferrovias, mas também, não se pode esquecer, as guerras. As guerras integram, pelo ódio comum contra o inimigo, as etnias mais diversas numa comunidade patriótica. Consideremos o exemplo dos bretões: a consciência de um *bigouden* se definia, e de certa maneira ainda hoje se define, com relação aos *capistes*, ou seja, com relação ao povo vizinho. Mas, ao passar a fazer parte do Exército, passa a ser chamado de "o bretão". Uma identidade que lhe era alheia e abstrata torna-se concreta, e, sobretudo, ele descobre uma parte dessa complexidade de que é constituído: ele é bretão *e* francês. As guerras contribuíram, portanto, para a integração.

É evidente que a Europa não se livrou assim tão facilmente das questões étnico-religiosas e de suas relações com uma certa concepção de nação. A questão da Irlanda do Norte, próxima agora de uma solução, deixa isso suficientemente claro. Hoje em dia são também discutidas as questões dos bascos e da Córsega, que são muito possivelmente questões periféricas e secundárias.

O século XX tornou possível uma medida da barbárie produzida pela idéia de nação, quando fundada na busca da purificação étnica. Mesmo que não se possa, obviamente, reduzir a nação a seus efeitos bárbaros, pois que ela é também um operador de integração entre etnias, é preciso reconhecer que o século XX inventou a monstruosidade da nação monoétnica. No interior dos impérios que reinavam na Europa Central e do Leste no início do século XX — Austro-húngaro, Otomano, Czarista —, encontravam-se em atividade forças de integração e de conciliação entre os povos. No Império Otomano, por exemplo, era praticada a tolerância religiosa, e não uma busca obstinada da conversão. O modo de governo, que confiava à autoridade religiosa a arrecadação dos impostos, tornava possível a coexistência de judeus e católicos numa mesma cidade. Sarajevo é um excelente exemplo da reunião de católicos croatas, ortodoxos sérvios, judeus sefarditas e eslavos convertidos ao Islã. Esse caráter pluriétnico, essa mistura de culturas, que parece para todos um traço positivo do Império Otomano, revelou-se desastroso após o seu desmantelamento. Já o Império Austro-húngaro, antes do primeiro conflito mundial, caminhava paulatinamente — apesar e por causa das dissensões e descontentamentos dos inúmeros povos que o constituíam — em direção ao reconhecimento de uma certa autonomia para os povos e de uma coexistência pacífica de nacionalidades: húngaros, tchecos, croatas. Infelizmente, a vontade dos vencedores de 1918, em particular a França, provocou a desarticulação desses equilíbrios. Clemenceau estava convencido de que o conjunto austro-húngaro era um bastião do catolicismo. Os vencedores impuseram a constituição de nações que, por conta da fragmentação e das separações arbitrárias, se viram repentinamente mergulhadas na lógica pluriétnica das nações modernas (a Sérvia e a Grécia já se tinham emancipado no século XIX). Ora, cada uma delas, contendo um grande número de minorias étnicas e religiosas, quis conceber-se na forma monoétnica.

O historiador Toynbee, que assistiu à guerra greco-turca de 1921, qualificou como desastre a importação para essas regiões da idéia ocidental de nação. Nessa época ocorreu uma dupla purificação étnica turca e grega. Os turcos expulsaram muitas populações gregas da Ásia Menor, que lá estavam instaladas desde a Antigüidade, e as deportaram para a Macedônia. Já as populações turcas da Macedônia foram deportadas para a Turquia.

É bem verdade que, em 1990, a nação iugoslava não havia ainda completado o seu processo de integração dos povos que a constituíam, mas esse processo se encontrava em andamento. Com efeito, ela havia passado por uma ditadura e podia ser considerada uma imposição do totalitarismo, um totalitarismo, diga-se, abrandado depois da ruptura com a URSS. Essa nação inacabada se desmembrou em três nações numa explosão de barbárie de guerra e de crueldade. A purificação étnica era o objetivo dos sérvios mas também dos croatas, que expulsaram um grande número de populações sérvias. Existia ainda em Sarajevo um certo polietnicismo, mas com os sérvios tendo um peso importante nas instâncias do poder, na imprensa etc. O mal da purificação pode ser visto também, mesmo que sob forma pacífica, no processo de separação entre tchecos e eslovacos.

Não estou falando aqui da purificação nazista propriamente dita, objeto de meu terceiro capítulo, que pode ser considerada o cúmulo da obsessão purificadora de uma nação, cujas raízes, infelizmente, estão na história européia. Contudo, vale notar que, depois da vitória dos aliados em 1945, observam-se fenômenos de purificação das populações alemãs, deportadas da Silésia, que voltou a fazer parte da Polônia, e deportadas dos montes Sudetes, agora tchecos. Também os poloneses foram deportados de áreas ucranianas, anexadas pelos soviéticos. E existem ainda hoje nas nações ocidentais minorias que estão convencidas de que a presença estrangeira dos imigrantes naturalizados mancha a identidade nacional. A xenofobia, o antijudaísmo persistem apesar da integração européia. Os nacionalismos chauvinistas, fundados na idéia de pureza, não morreram. Na Áustria, o movimento de Haider, os movimentos neonazistas na Alemanha, nos Países Baixos, na França parecem marginais, minoritários, mas podem ganhar força num momento de crise. É preciso lembrar que, durante a grande crise de 1929, que atingiu tão brutalmente a Alemanha em 1931, um pequeno partido, o partido nazista, que nunca em tempos normais poderia esperar ultrapassar o patamar de 15 ou 18% dos votos, conseguiu chegar a 35%.

As tendências bárbaras não se distanciam das tendências civilizadoras. Da mesma forma que no seio dos impérios, em que reinava a barbárie da conquista pela guerra, formas refinadas de civilização floresceram, também no seio das nações, não muito distante das tendências purificadoras, observa-se o desenvolvimento das artes, da cultura, do conhecimento. Foi assim que a Espanha purificada do Século de Ouro produziu Lope de Vega, Calderón, Góngora e uma plêiade de grandes artistas. E ainda, a França "purificada" depois do Édito de Nantes é também o país dos grandes autores clássicos. É importante nunca esquecer desse duplo aspecto, que não é nada mais do que a complexidade da civilização.

Passo agora ao que chamei de "barbárie da conquista pela guerra", que, mesmo que milenar, ganha suas formas modernas com os processos de colonização. Para simplificar, podemos considerar que ela começa com as conquistas de Alexandre, o Grande. No entanto, essas conquistas não foram propriamente bárbaras. Alexandre respeitava os deuses das diferentes civilizações que conquistou. Em cada cidade, ele organizava o casamento de soldados seus com jovens locais, preparando dessa maneira uma civilização mestiça. Mas o caso de Alexandre permanece sendo uma exceção. Os outros grandes conquistadores foram abomináveis. Gengis Khan, o conquistador mongol do século XII e do início do século XIII, disseminou morte e destruição tanto para o leste, na China, quanto para o oeste, criando um império colossal. Mas esses impérios colossais não podem durar. Justamente porque são colossais, carecem de fator de integração. O de Gengis Khan durou apenas um século. Tamerlão (1336-1405) construiu, um século depois, um formidável império, que logo em seguida dividiu entre seus quatro descendentes.

A conquista das nações européias foi de um tipo diferente e, sobretudo, foi mais duradoura. Foi favorecida pela superioridade militar garantida pelas armas de fogo. Dessa forma, no Peru, uma pequena tropa de cavaleiros e de homens armados conseguiu fazer desmoronar um império gigantesco que se estendia do norte do Equador até o sul do Chile. A conquista do México foi mais complicada. Cortés se apoiou de certa maneira na estratégia de mestiçagem. Ele se aliou a nações dominadas pelos astecas, que viviam insatisfeitas por serem obrigadas a lhes pagar tributos e, principalmente, a lhes entregar seus adolescentes para sacrifícios. Podemos dizer até que o México foi conquistado pelos mexicanos. Aos poucos, a pequena tropa de Cortés — aliás, ele próprio envolvido com uma índia, Malinche — se foi podendo beneficiar da ajuda dessas populações. O que em nada impediu que essa conquista fosse imbuída de uma cobiça e um fanatismo sem precedentes.

Essa cobiça era alimentada pelo mito do Eldorado. Tendo encontrado películas de ouro nas paredes dos templos de Cuzco no Peru, esperavam descobrir as suas fabulosas fontes, como nos mostra por exemplo o belíssimo filme de Herzog, *Aguirre, a cólera dos deuses*. O fanatismo religioso também era enorme: os ídolos incas foram abatidos, destruídos. Para além dos massacres, a conquista provocou uma mortalidade catastrófica, tanto no México quanto no Peru, causada pela importação de doenças européias, como a tuberculose, contra as quais as populações locais não estavam imunizadas. Em vez das trocas culturais, houve trocas de micróbios e vírus. Em troca da tuberculose, a sífilis ganhou a Europa e, pela rota das caravanas, chegou à China. O álcool também teve efeito destruidor. Há seis ou oito séculos que a seleção natural tinha eliminado do velho continente os organismos que não resistiam ao álcool. O que não era evidentemente o caso das pobres populações da América do Norte. A escravidão foi também, é claro, uma outra causa de mortalidade maciça. As populações indígenas foram superexploradas para extrair a prata das minas de Potosi e para encher de ouro e prata os galeões que seguiam em direção à Espanha.

Diante de tamanha queda demográfica, os conquistadores recorreram maciçamente ao tráfico negreiro. A escravização dos negros foi uma realidade em quase todo o continente americano. Como sabem, a continuidade da escravidão nos estados do sul dos Estados Unidos foi uma das causas da Guerra de Secessão. Na França, a escravidão nas colônias foi abolida apenas em 1848, graças a Victor Schœlcher, mesmo que tenha continuado a ser praticada de maneira residual. Já a colonização só veio a desaparecer no fim do século XX. Nesse intervalo, os colonialistas ingleses e franceses, e também os alemães e portugueses, intensificaram suas ações, principalmente na África. André Gide, durante a viagem que fez ao Congo, relatou a forma atroz como eram praticamente escravizados os negros que trabalhavam nas obras da estrada de ferro Congo-Oceano. Essa barbárie colonialista, de uma brutalidade extrema, continuou manifesta na França em pleno século XX, como comprova o massacre de Setif, cometido exatamente no último dia da guerra, em 8 de maio de 1945, e os inúmeros abusos cometidos durante a guerra da Argélia.

Ao fim e ao cabo, observam-se cinco séculos de furor de barbárie européia, cinco séculos de conquistas, de opressão, de colonização. É claro que, vale lembrar, essa barbárie foi acompanhada por efeitos de civilização — os tendo até mesmo induzido. Durante essa globalização da barbárie européia, houve mestiçagens de culturas, trocas, contatos criadores. Há atualmente uma polêmica quanto a uma norma sobre a inclusão nos livros escolares de História do caráter positivo da colonização francesa na Argélia e em outras ex-colônias africanas. A questão é saber se esses efeitos positivos se encontram num primeiro plano, ou se são apenas fenômenos secundários. Uma questão como essa deveria ser colocada dentro de um quadro mais geral. Seria necessário frisar a ambivalência, a complexidade do que é barbárie, do que é civilização, obviamente não para justificar assim os atos de barbárie, mas para melhor compreendê-los, e dessa forma evitar que possamos ser por eles cegamente possuídos.

Gostaria de terminar com uma outra forma da barbárie que persiste ainda hoje em dia. As sociedades históricas mencionadas se foram constituindo com a eliminação progressiva das pequenas sociedades arcaicas que as haviam precedido. Mas foi com a expansão mundial da civilização ocidental que se deu a destruição genocida da humanidade arcaica e dos povos sem Estado. Na Tasmânia, a população indígena foi dizimada. Na Austrália, ela é atualmente residual. Na América do Sul, no sul do Chile, os alakalufs, os nômades do mar, que acolheram os navegadores nas suas passagens, nos séculos XVII e XVIII, foram dizimados. Na América do Norte, os povos indígenas, depois de terem sido pisoteados — os tratados assinados com a autoridade política não tendo nunca sido respeitados —, vivem hoje em parques, como guetos em reservas. A Associação Survival International defende ativamente os direitos desses povos indígenas, o que aliás é muitíssimo justo. Na Ásia, os habitantes das montanhas da península indochinesa foram expulsos pelos povos invasores. Na África Negra, a população dos bantos exerce uma ofensiva quase exterminadora sobre os bosquímanos, e grandes áreas da floresta virgem amazônica estão sendo destruídas, condenando os últimos povos independentes a se exilarem nos bairros miseráveis das metrópoles, ou a desaparecerem. A barbárie continua, no entanto é preciso destacar a resistência a essa barbárie, como no Brasil, onde foram criadas associações de luta pela proteção das populações indígenas e de seus direitos.

A barbárie européia de conquista não acabou, repito, com o fim da Segunda Guerra Mundial. Para a França, ela só vai acabar com a Guerra da Argélia; e ela termina ainda mais tarde para Portugal, com Angola e Moçambique. As nações da Europa deixaram de ser nações coloniais. Da mesma maneira, com relação agora à barbárie de purificação, as nações européias renunciam paulatinamente, graças à constituição de um espaço europeu, ao nacionalismo baseado na pureza étnica. Vivemos hoje uma época em que a barbárie européia se encontra em franca regressão, e em que os antídotos culturais europeus, que tiveram papel considerável nessa regressão, tornarão talvez possível uma definição da Europa.

II
Os antídotos culturais europeus

Talvez possa parecer que estou dando a esta minha análise a forma de um afresco histórico demasiado rápido. No entanto, esse fio histórico que sigo não é para mim um meio de exposição cronológica do fenômeno da barbárie, mas uma forma de compreendê-la.

No século XVI, produz-se uma metamorfose da Europa Ocidental. Assistimos, ao mesmo tempo, à expansão econômica, à expansão das cidades, mas também à formação das nações modernas. O Renascimento dá novamente vida às heranças latinas e gregas — principalmente à herança grega, que se encontrava presa no discurso teológico. Dito de outra forma, esse retorno da Grécia libertou o pensamento das amarras teológicas, garantindo assim a sua autonomização, que foi responsável pelo impulso dado à filosofia e às ciências modernas. É bem verdade que existia, sim, um pensamento racional na teologia — e principalmente no tomismo —, mas esse pensamento estava sob controle religioso. A ciência vai se desenvolver sobre quatro pilares: empirismo, racionalidade teórica, verificação e imaginação. O Renascimento foi também a época do desenvolvimento das Humanidades, de uma cultura que se funda sobre a integração da cultura grega e da cultura latina. Na época, muitos pensadores se caracterizavam por um espírito enciclopédico: conheciam o árabe, hebraico, grego, latim.

É durante o Renascimento que é gerado o humanismo europeu. Quando nos perguntamos sobre o que foi a essência do humanismo, podemos chegar a duas respostas completamente divergentes. Uma primeira resposta é, por exemplo, a do filósofo polonês Leszek Kolakowski, para quem o humanismo europeu tem a sua origem no judeu-cristianismo: na Bíblia, Deus faz o homem à sua imagem e, no Evangelho, Deus encarna num ser humano. A essa idéia se opõe o filósofo tcheco Jan Patocka, que considera que a fonte do humanismo europeu é grega, pois é no pensamento grego que o espírito humano e a sua racionalidade afirmam sua autonomia. E na

Cultura e Barbárie Européias

cidade democrática de Atenas, a deusa Atena não governa, protege. A democracia significa o seguinte: os cidadãos responsáveis têm em suas mãos o governo da cidade.

Podemos considerar que as duas fontes não são mutuamente excludentes, podendo-se unir para criar o humanismo europeu. É fato que a primeira fonte, em que o homem é feito à imagem de Deus e em que Deus se torna humano, conduzirá também a um antropocentrismo ingênuo e levará à megalomania. Liberado de Deus, o homem tomará para si o lugar de sujeito e centro do universo. Mas é preciso mostrar, o que não faz nenhum dos dois filósofos, que também a própria mensagem de Jesus irriga o humanismo europeu. Uma mensagem que fala de compaixão e de perdão. É o espírito da fraternidade que vai surgir dessa palavra para se reunir à racionalidade grega. Algo de afetivo se une ao caráter frio da racionalidade para formar o humanismo europeu.

Esse humanismo tem duas facetas, uma dominadora, a outra fraternal, o que provocará uma grande confusão em torno do termo, principalmente no século XX. A primeira faceta do humanismo, a que se revela ilusória — para não dizer delirante —, coloca o homem no lugar de Deus, como único sujeito do universo, e lhe dá como missão a conquista do mundo. É a missão que Descartes confere à ciência: fazer do homem o mestre e dono da natureza. A mensagem cartesiana será retomada por Buffon, e em seguida por Karl Marx, e finalmente é apenas a partir de 1970, ou seja, muito recentemente, que essa mensagem de onipotência prometéica se esfacela. Damo-nos conta a partir de então que o controle da natureza, que é na verdade incontrolável, conduz à degradação da biosfera e, por conseguinte, à degradação da vida e das sociedades humanas: esse tipo de controle tem um caráter suicida.

Além disso, tomamos conhecimento e temos agora consciência da pequenez do planeta Terra no sistema solar, da pequenez do sistema solar na Via-Láctea, da pequenez de nossa galáxia no universo. Devemos então nos voltar para a segunda faceta do humanismo, a que estipula o respeito por todos os seres humanos, independentemente de sexo, raça, cultura, nação.

De fato, se esse humanismo é válido a princípio para todos os homens, o Ocidente europeu o havia restringido a seus cidadãos, considerando os outros povos como subdesenvolvidos, arcaicos, primitivos. Lucien Lévy-Bruhl, por exemplo, considerava os primitivos seres infantis e místicos, enclausurados no pensamento mágico. Ele desconsiderava a existência de racionalidade em todas as formas de civilização, o que já se faz evidente na fabricação de utensílios, na utilização de armas, na prática da caça. Existe em toda sociedade, ao mesmo tempo, um pensamento racional, técnico e prático, e um pensamento mágico, mítico e simbólico. E também na nossa. Algo que acredito ser extremamente importante frisar.

Na sua segunda faceta, o humanismo está ligado ao desenvolvimento da racionalidade crítica, até mesmo autocrítica. Podemos constatar isso em *Elogio da loucura*, de Erasmo, por exemplo, em que, é claro, ela aparece sob formas prudentes. Em todo o resto da obra, Erasmo, mesmo sendo um espírito tolerante, demonstra extrema reserva diante tanto da autoridade católica quanto do luteranismo.

* * *

É a desconhecida relevância do marranismo que deve ser frisada no surgimento da racionalidade autocrítica. Os marranos eram principalmente de origem judaica, já que muitos muçulmanos voltaram para o Magrebe após a reconquista de Granada. Dentre os judeus convertidos, alguns permaneceram na Espanha, outros se fixaram nos Países Baixos. Existem dois tipos de marranos. Os que esqueceram a ascendência e se tornaram cristãos e os que mantiveram secretamente a fé e a identidade judaicas. Foi o caso do médico Fernando Cardoso. Homem do século XVII, poeta da corte, amigo dos grandes dramaturgos, autor de poemas sobre a erupção do Vesúvio, entre outros, parecia perfeitamente integrado. Até o dia em que faz uma viagem para Veneza, se reúne com as autoridades do gueto e pede para ser reconhecido como judeu. O pedido é acordado à condição que ele se torne médico dos pobres, o que ele aceita. Ele escreve em Veneza um livro, que é impresso na Holanda, *Da excelência dos judeus*, para demonstrar que a lei de Moisés é superior à de Cristo.

Mas existe também um terceiro tipo de marranismo, que nasce dessa dupla identidade, do sentimento de pertencer a dois modos de existência diferentes, a duas comunidades antagonistas. O choque das duas religiões contrárias é como o encontro entre duas partículas que se entrechocam, destruindo-se para formar um conjunto novo. Esses casos são raros, mas notáveis. Bartolomeu de Las Casas, por exemplo, que tem antepassados conversos, fez com que a hierarquia católica aceitasse a idéia de que os índios da América eram humanos como os outros, e que possuíam alma. A Igreja se recusava a admitir: como considerá-los homens, sabendo que Jesus nunca tinha ido à América do Sul! As perseguições, que Las Casas testemunhou, inspiram nele compaixão, e ele retorna então à fonte paulina: "Não existem nem homens nem mulheres, nem judeus nem gregos, nem homens livres nem escravos, todos vós sois um em Jesus Cristo" (Epístola aos Gálatas). Infelizmente, por achar conveniente, Bartolomeu de Las Casas não incluiu o destino dos africanos vítimas do tráfico negreiro. De fato, o tráfico negreiro começara em 1502 na ilha de São Domingos.

O outro caso que seria interessante citar é o de Montaigne. Muitos poderão se espantar ao vê-lo ser classificado como marrano, quando todos o conhecem como gascão; mas um não elimina o outro.

É sabido de fonte segura que a sua família materna, os Loupe, descende dos Lopez, cujas origens foram encontradas na Espanha. Parece estranho imaginar que essa união, numa época de casamentos arranjados, não tenha sido feita entre dois descendentes de marranos (mesmo que nada se saiba sobre a família paterna). É interessante notar que em *Ensaios* as referências principais são gregas e latinas, excluindo quase completamente as referências ao Evangelho, e a todos os textos religiosos, aliás. Uma carta, escrita ao pai para narrar a morte de seu amigo La Boétie, celebrada na liturgia católica, é bastante estranha. Ao fim, La Boétie diz em voz alta: "Morro nessa fé que Moisés plantou no Egito, que de lá foi transportada para a Judéia e que nossos pais trouxeram para nós." Perguntei aos especialistas de La Boétie o que isso poderia significar, mas eles não souberam responder.

O que importa é que esse marrano que é Montaigne cai como um meteorito numa época de guerras de religião. Um meteorito, pelo seu ceticismo e sua recusa em considerar os ameríndios inferiores: "Os que chamamos bárbaros", diz ele, "são seres de outra civilização que não a nossa." E acrescenta: "Eu não acho [...] que haja nada de bárbaro e selvagem nessa nação... senão que cada qual chama de barbárie o que não faz parte de seus costumes." Um dos aspectos da barbárie européia foi chamar de bárbaro o outro, o diferente, em vez de celebrar essa diferença e de ver nela uma ocasião de enriquecimento do conhecimento e da relação entre humanos. Montaigne representa esse pensamento de uma liberdade extraordinária que soube se emancipar dos preconceitos bárbaros de seu tempo. Eu acredito que a fonte de sua liberdade esteja nessa liberdade interior de um espírito que se move para além do judaísmo e do cristianismo. Que não sofre o antagonismo entre judeu e cristão, muçulmano e judeu, fiel e infiel. É verdade que as origens marranas de Montaigne podem ser remotas. Mas é antes o espírito do marranismo que nele florescia. No plano político, ele se mantém extremamente prudente, mas sempre na linha de sua ética de tolerância. Ele apóia o rei nos seus esforços de moderação para evitar uma guerra de religião.

Gostaria também de abordar o caso de Spinoza. Em sua obra, o Deus exterior, criador do mundo, é eliminado, enquanto ele se faz ainda muito presente em Descartes ou em Newton, e que a idéia de um mundo autocriado, "causa de si", como diz Spinoza, só vai se impor a partir de Hegel. A força criadora está na natureza, como indica a célebre fórmula *Deus sive natura*. O que pode ser entendido da seguinte maneira: Deus ou a natureza, como preferirem; não faço distinção. Em Spinoza, a razão é soberana, mas não se trata de uma razão fria e rígida, é uma razão de profunda compaixão, "amorável" se assim podemos falar. Ele rejeita a idéia de povo eleito, idéia que para ele é ultrapassada; ele laiciza assim a identidade judaica, e através disso, superando o cristianismo, se reconcilia com a universalidade. Encontramos, portanto, em Spinoza o mesmo espírito de independência de Montaigne. E mesmo vivendo na cidade tolerante que era então Amsterdã, não escapa às ofensivas da intolerância. Tendo sido expulso pela Sinagoga e escapado por pouco de um atentado contra a sua vida, viverá em situação de quase miséria.

Impossível negar que os inquisidores espanhóis estavam certos quando consideravam o marranismo uma fonte de ceticismo e racionalismo. São inúmeros os casos no século XVII. O *Dom Quixote* de Cervantes, por exemplo, é marcado por uma dupla ironia: a crítica do imaginário pela realidade, encarnada pelo olhar crítico de Sancho Pança sobre Dom Quixote, mas também a crítica da realidade prosaica pelo imaginário, fonte de poesia, crítica que o cavaleiro errante encarna. Dom Quixote anuncia assim o desencanto do mundo moderno, descrito por Max Weber dois séculos mais tarde. Apesar de Sancho e Dom Quixote serem inseparáveis, não há reconciliação possível entre os dois universos; é por isso que essa obra mantém o seu fascínio, que ela também cai como um meteorito no universo da literatura e do romanesco.

Assim, portanto, o humanismo se desenvolve a partir da mensagem grega revitalizada na Itália renascentista, e que foi expandida nos outros países ocidentais, com exceção da Espanha. Mas até mesmo na Espanha, onde a mensagem foi barrada, surge sub-repticiamente a partir daqueles a quem podemos chamar pós-marranos, que alimentaram e afirmaram um humanismo no espírito de laicidade e universalidade.

Seria interessante evocar também um fenômeno que surgiu no Império Otomano e que está relacionado ao pós-marranismo, o movimento messiânico de Sabbatai Zevi. Após se apresentar como o novo messias, Sabbatai Zevi acabou por se converter ao Islã. Seus discípulos mantiveram secretamente o culto desse messias judeu, ao mesmo tempo que se tornaram oficialmente muçulmanos. A esses apóstatas dava-se o nome de *dönme* ("aqueles que se converteram"). Eles eram muito influentes em Istambul. No século XIX, criaram escolas laicas. Nessas escolas se formaram oficiais jovens turcos e Mustafá Kemal, que instituiria, ele próprio, a laicidade nos anos 1920. Esse episódio mostra também que os meandros da história são muitíssimo curiosos, e principalmente realça mais uma vez a virtude emancipadora do espírito marrano. Os sabbateanos, ao se afastarem da lei judaica e adotarem um islamismo de fachada, se liberaram ao mesmo tempo tanto de uma quanto do outro. É por isso que podemos inseri-los no movimento humanista europeu.

Essa tradição do humanismo europeu, sua componente autocrítica, evidencia-se muito bem em *As cartas persas* de Montesquieu, e se perpetua até Claude Lévi-Strauss. Montesquieu imagina os persas que chegam ao Ocidente e consideram os franceses seres exóticos, o que é uma atitude típica da racionalidade autocrítica: considerar-se a si mesmo objeto de curiosidade e de crítica. Voltaire dá ainda um outro exemplo em *Discours aux welches*. Infelizmente, a racionalidade autocrítica é ainda um aspecto menor na tradição ocidental. No século XVIII, durante o Iluminismo, a racionalidade é sobretudo crítica e ela debruça-se principalmente sobre as religiões, consideradas a matéria de que são feitos mitos e superstições. Essa crítica é redutora. Ela ignora o que Marx destacará mais tarde, o fato de que a religião é como o suspiro de uma criatura infeliz, o viés pelo qual se expressam as mais profundas aspirações humanas.

O espírito humanista das Luzes vai encontrar sua formulação na *Declaração dos direitos do homem e do cidadão*, mensagem a que aderiram com mais força os aristocratas do que a burguesia, como mostrou François Furet. Na noite de 4 de agosto, os aristocratas, por decisão própria, abandonaram seus privilégios.

A razão, durante essa época que marca o seu triunfo, ostenta, no entanto, aspectos diferentes. A razão científica constrói teorias. Mas essas teorias, aparentemente fundadas em dados coerentes, podem ser manchadas pela "racionalização", por uma visão excessivamente lógica, que só leva em consideração o que a confirma. Laplace, por exemplo, injeta racionalização no interior da ciência. Ele propõe uma visão inteiramente determinista do universo, num contexto, é claro, totalmente laicizado: para isso, postula a existência de um demônio dotado de poderes superiores que seria capaz não apenas de conhecer todos os eventos do passado mas de prever todos os eventos do futuro. Quando Napoleão lhe indaga: "E Deus, onde ficaria?", Laplace responde: "Não preciso dessa hipótese." A concepção de Laplace era uma racionalização extrema da racionalidade newtoniana. Hoje percebemos que no universo nem tudo pode ser reduzido ao determinismo. Existe, portanto, uma racionalidade crítica que evita as armadilhas da racionalização, uma racionalidade autocrítica que associa razão, conhecimento e autoanálise. As doenças da razão não se explicam pela própria racionalidade, mas pela sua perversão em racionalização e pela sua quase-deificação.

A instrumentalização da razão, colocada a serviço, por exemplo, de objetivos totalmente irracionais e bárbaros como a guerra, participa de um outro tipo de racionalização. Com efeito, o que devemos ver por trás de toda racionalização é, para além da ausência de pensamento crítico e autocrítico, o esquecimento do que Rousseau chamou de sensibilidade e que é o esquecimento da nossa própria natureza. Presente em Rousseau, a natureza foi, apesar de tudo, ignorada pelo Iluminismo. Tudo isso vai mudar com o Romantismo.

O primeiro Romantismo é uma repoetização do universo; ele responde a uma nostalgia da comunidade, uma idealização da Idade Média. Mas essa nostalgia do passado vai se transformar alguns anos depois numa aspiração ao futuro liberador, traduzido por Lamartine e Victor Hugo, que fazem a simbiose entre o espírito romântico e o espírito das Luzes. Lamartine foi um dos heróis da Revolução de 1848, a que acrescentou a palavra "Fraternidade" aos dois primeiros termos da célebre divisa da Revolução Francesa. Quanto a Victor Hugo, com seu espírito visionário, já imagina os Estados Unidos da Europa, prelúdio aos Estados Unidos do mundo. Essa época reaviva os direitos do homem, os direitos dos povos, os direitos da humanidade, especialmente sob a influência do pensamento socialista.

No século XIX se opera uma espécie de fermentação, com Fourier, Leroux, Proudhon, os jovens hegelianos, Stirner, o teórico da anarquia, e por fim Marx. Marx faz uma notável síntese filosófica e intelectual em nome desse florescimento humano que se encontra em gestação no socialismo, o qual é uma aspiração universalista por mais liberdade e igualdade. Mas seu pensamento pode ser qualificado de pós-marrano. De fato, é um messianismo judaico-cristão laicizado que está no cerne de sua concepção. O proletariado industrial torna-se um messias, a revolução, um apocalipse, e a sociedade sem classes, a salvação na Terra. A maioria dos marxistas acreditou que praticava a mais total racionalidade, sem perceber que praticava uma religião da salvação terrena. A tendência à universalidade do humanismo europeu se instala no centro dessa esperança socialista, com a criação das Internacionais — embora sua organização permaneça limitada aos países europeus dominantes e aos Estados Unidos da América. Mesmo assim, na maior parte do mundo ocidental permanece a idéia de que a racionalidade é um privilégio e o monopólio dos ocidentais.

* * *

Chegamos então a duas idéias complexas. Primeiramente, a Europa Ocidental, centro da maior dominação que já existiu no mundo, e ao mesmo tempo centro das idéias emancipadoras que vão minar essa mesma dominação. Essas idéias emancipadoras são sustentadas pelos que se inspiram no humanismo europeu moderno: intelectuais, militantes e, de maneira mais abrangente, homens e mulheres de boa vontade provenientes de diferentes classes da sociedade. A iniciativa é tomada por homens marcados pelas idéias da Revolução, como Victor Schœlcher, que, lembremos, decreta, em 1848, a abolição da escravidão nas colônias francesas. Essas idéias não apenas serão difundidas nas colônias através do ensino da cultura francesa, como serão encampadas pelos porta-vozes dos países colonizados, e são eles que vão reconduzir o Ocidente a seus próprios valores: liberdade, direito dos povos etc. Essas idéias foram o fermento da descolonização. É, portanto, na Europa, centro da dominação e da conquista, em que se formam os antídotos que são as idéias emancipadoras.

A segunda idéia-chave diz respeito ao processo que eu chamo de "era planetária". Com a conquista das Américas, com as circunavegações portuguesas e espanholas, o planeta entra num sistema de intercomunicação que se vai desenvolver sem cessar. Se esse processo não pode ser separado da sujeição e da escravidão, os germes da descolonização e da liberação estão nele presentes desde o início. Paralelamente à globalização do comércio dos traficantes e dos comerciantes, desenvolveu-se uma globalização das idéias de emancipação que levou à abolição da escravatura. É bem verdade que ela chegou bem depois das idéias, e seu processo foi penoso. Nos Estados Unidos, por exemplo, as idéias de emancipação provocaram a Guerra de Secessão. Do mesmo modo que o movimento mundial de emancipação acabou por suscitar, depois da Segunda Guerra Mundial, um movimento mundial de liberação dos colonizados. O retorno dos colonizadores ocorreu em alguns casos de maneira pacífica, como na Tunísia e no Marrocos, outra vezes de maneira trágica, como na Argélia. Esse processo culmina com a chegada ao poder de Mandela, herdeiro do pensamento marxista. Ele quis pôr um fim à separação entre negros e brancos, quis construir uma mesma nação para todos. Ele seguiu, dessa forma, uma lógica bem diferente da que encarnavam as vagas nacionalistas desprovidas de qualquer humanismo na Europa Oriental, vagas que levaram à guerra da Iugoslávia, e à destruição do que era unido.

Muitas vezes pudemos observar um processo de descolonização em duas etapas. Há uma primeira descolonização, que não é obra dos colonizados, mas dos colonos implantados nesses países, elites de origem européia, que ajudam esses países a chegarem à independência, como na Argentina e no Brasil. Notemos que o Brasil, apesar da declaração de independência, manteve a escravidão até o fim do século XIX. Notemos também que na América Latina se desenvolve uma concepção de nação que é mais abrangente do que a das grandes nações européias, e que se nutriu da mestiçagem. No Brasil, no Equador, no México e na Colômbia, as mestiçagens são múltiplas; elas foram bem menos intensas nos países andinos, onde as castas de origem branca mantêm fora das zonas de poder uma grande maioria da população indígena — o que é, aliás, um problema cada vez mais sério.

Para entender, portanto, a globalização, é preciso entender o processo dialético que o produz. Uma primeira globalização é implementada sob a hegemonia de uma superpotência, a Espanha do Século de Ouro, os Estados Unidos da atualidade. Ela produz uma segunda globalização que parece permanecer em segundo plano, não possuir a força da primeira, mas que carrega as esperanças de emancipação e de humanidade.

O que realmente acontece depois de 1989? A globalização do mercado levou o sistema soviético e sua economia burocratizada ao colapso, assim como levou ao abandono desse tipo de economia pela China, pelo Vietnã, por todos os países comunistas, mesmo quando continua existindo a ditadura do partido comunista. O descrédito das idéias do socialismo real e das virtudes da economia socialista favorece durante alguns anos o que nós chamamos neoliberalismo. Triunfa a idéia de que as auto-regulações econômicas espontâneas bastam para resolver todos os problemas, inclusive o educativo — enquanto o liberalismo clássico ainda se mantinha num contexto de regulações pelos Estados. Ainda vivemos esse período, marcado pela ausência de verdadeira regulação no nível planetário. No entanto, essa globalização do mercado suscita uma globalização paralela tornada possível graças ao extraordinário progresso das técnicas de comunicação. Vivemos hoje a era da ubiqüidade, graças ao fax, ao e-mail, ao celular. Essas novas condições técnicas e econômicas iniciam um nova época, uma época em que as idéias podem circular na velocidade da luz. O colapso da União Soviética já havia permitido uma propagação das idéias democráticas, não apenas nos países controlados pela União Soviética, as ex-democracias populares, mas igualmente na América Latina e na África. Foi também a época da queda da maioria das ditaduras da América Latina. Foi a revanche de 1789 contra 1917. Durante décadas, 1789 parecia ter sido uma pequena revolução preliminar, de caráter secundário, só tendo podido a verdadeira revolução florescer em 1917 e com a tomada do poder pelo partido bolchevique. No mercado dos valores atuais, 1917 desmoronou e 1789 subiu.

Vivemos essa situação em que a segunda globalização avança, num ritmo, é verdade, bem diferente do da primeira, mas avança mesmo assim. A previsão de Marx comprova-se admiravelmente, quando se observa o problema da cultura, da literatura e das artes. Marx odiava ao mesmo tempo que admirava a burguesia. Ele via nela essa classe que, por um lado, explorava duramente uma parte da humanidade, mas que, por outro, destruía as antigas relações de servidão e de feudalidade, criando um espaço em que se pode desenvolver uma literatura mundial. Hoje em dia, o que é a literatura mundial? É o acesso às literaturas de todas as regiões do mundo graças aos extraordinários meios de comunicação e de difusão implementados pelo capitalismo, mas é também a criação de novos tipos de arte. A indústria cultural, ao mesmo tempo que se funda na busca do lucro, também precisa de originalidade e de criatividade. Os filmes hollywoodianos, realizados com meios quase industriais, produziram obras-primas como as de John Ford, enquanto o cinema soviético era comparavelmente pouco criativo. Infelizmente, as necessidades da produção muitas vezes esmagaram as da criação. Orson Welles é um triste exemplo. Mesmo assim, não se pode reduzir a globalização econômica e mercantil a uma homogeneização medíocre; ela suscita uma globalização humanista, e dela se alimenta — sem por isso, é claro, com ela se confundir.

* * *

Cultura e Barbárie Européias

Essa dialética própria à globalização encontra uma formulação quase conceitual no altermundialismo, que é justamente a idéia do surgimento de uma globalização não centrada nos valores mercantis, e não um "antimundialismo" de que durante muito tempo ouvimos falar na mídia. Desde Seattle, em 1999, assistimos a José Bové exprimir a idéia de uma outra globalização. Através da fórmula: "O mundo não é uma mercadoria" busca-se claramente fazer emergir um outro mundo e não unicamente salvaguardar as especificidades dos diferentes países. Mesmo que o altermundialismo ainda esteja se buscando, não tendo ainda conseguido formular a sua própria visão, e mesmo que por vezes saia dilacerado nas lutas entre facções, ele continua muito vivo. Uma cidadania do mundo nasceu durante a guerra de Biafra, província da Nigéria que lutava pela independência. Uma associação foi então criada: Médicos Sem Fronteiras, cuja missão era a de tratar humanos, independentemente de raça ou religião. Foi um passo capital. Desde então, organizações humanitárias similares se multiplicaram, testemunhando uma nova consciência planetária, coincidindo com um momento de declínio do espírito internacionalista, o espírito da Internacional Comunista e da Internacional Social-Democrata.

Esses internacionalismos foram devorados pelas nações. Na França, a Segunda Internacional, tão forte em 1914, com um partido socialista francês liderado por Jaurès, queria a paz, como também o partido alemão queria. Mas, desde o início dos afrontamentos, a maioria dos socialistas franceses se aliou à União Sagrada contra a Alemanha, enquanto a maioria dos socialistas alemães se aliou à União Sagrada contra a França. Apenas algumas mentes raras, como Romain Rolland e alguns sindicalistas, souberam escapar dessa hipnose nacionalista. A Segunda Internacional foi assim devorada pela guerra de 1914. Quanto à terceira, a Internacional Comunista, ela se colocou a serviço do Estado soviético, ele próprio cada vez mais a serviço de sua própria potência. Os ideais do socialismo internacional são assim desviados em proveito de um patriotismo que, aliás, foi vital para a salvaguarda da União Soviética. Stalin nomeou a Segunda Guerra Mundial "a grande guerra patriótica". A Terceira Internacional foi engolida pelo nacionalismo do Império soviético. De certo modo, todas as Internacionais tinham negligenciado a realidade das pátrias e das nações. Elas acreditaram que as nações eram apenas ilusões ideológicas e que o Estado nacional era apenas um instrumento da classe dominante. Elas subestimaram a profundidade da nação. E, no entanto, desde o século XIX, Otto Bauer já tentava construir uma teoria da nação baseada na idéia de comunidade de destino, e o próprio Stalin, na sua juventude, tinha sido incumbido por Lenin de escrever um livro sobre o marxismo e a questão nacional em que tentava apresentar alguns fundamentos da nação.

Mas o marxismo ficou cego, e os próprios revolucionários, que acreditavam ter varrido com tudo na União Soviética, prepararam, sem saber, o retorno vigoroso do nacionalismo, não apenas russo, mas também armênio, usbeque, lituano. Acreditavam ter erradicado a religião, e ela voltou com força renovada. Acreditavam ter acabado para sempre com o capitalismo, ao liquidar os burgueses, e um capitalismo pior do que o da época czarista emergiu. Tudo isso ilustra o que chamei de "ecologia da ação". Na política, principalmente, as ações podem ir em sentido contrário às intenções, e ter então efeitos que as destroem. Aqueles que ignoram a ecologia da ação estão fadados a estar permanentemente enganados.

As Internacionais não puderam, portanto, se transformar em consciência planetária, tendo sido testemunhas da fraqueza do espírito de cidadania mundial.

Eu tinha proposto a idéia "Terra-pátria", consciente de que a palavra "pátria" cobre uma mitologia riquíssima, ao mesmo tempo materna e paterna, até nas conotações. A noção de pátria nos diz que é preciso amar essa terra materna de onde viemos e a autoridade paterna do Estado, se ele for justo. Essa idéia ainda não adquiriu dimensão planetária. A globalização tecnoeconômica criou durante o último milênio os meios que poderiam permitir o surgimento dessa consciência planetária, afetiva e ao mesmo tempo reflexiva. Ela criou as infra-estruturas de uma eventual sociedade-mundo. Para que exista uma sociedade, são necessários, com efeito, um território e meios de comunicação. É necessária uma economia. Ora, hoje existe um território mundial, que dispõe de inúmeros meios de comunicação e de uma economia própria. Não é a globalização da economia que deve ser lamentada, mas, pelo contrário, o fato de ela não estar institucionalmente regulada. É preciso, portanto, que haja uma autoridade reguladora legítima de alcance planetário. Infelizmente, todos nós sabemos em que situação se encontram as Nações Unidas e o Direito Internacional... De resto, o processo tecnoeconômico que cria as infra-estruturas de uma sociedade-mundo impede que essa sociedade surja como tal. Dessa forma, desenvolve-se a dialógica entre globalização econômica e globalização humanista. Essa dialógica significa que existe uma oposição entre as globalizações e que, no entanto, uma se nutre da outra, pelo menos na medida em que uma não pode existir sem a outra.

Essa época de globalização comporta graves perigos. Como sempre, civilização e barbárie são vizinhas. Assistimos à volta das violências étnicas, nacionais e religiosas num grande número de países e regiões. Algumas dessas explosões de violência fazem com que achemos talvez possível que haja uma guerra religiosa ou uma guerra entre culturas, ou até mesmo entre civilizações. Mais uma vez isso nos mostra o quanto a globalização apresenta características contraditórias e divergentes. Assistimos ao mesmo tempo a uma universalização tecnoeconômica e a resistências, dentre as quais o retorno a religiões e a cultos particularistas.

Começou a brotar uma idéia nas últimas décadas do século XX, mesmo que ela tenha uma origem mais remota: a de uma espaçonave, a Terra, nau em que navega a humanidade. Essa espaçonave é impulsionada hoje em dia por quatro motores: ciência, técnica, economia e lucro, e esses motores não estão sob controle. Não me insiro num pensamento binário e não estou dizendo que a ciência é nefasta, pelo contrário, mas digo sim que ela desenvolveu poderes de destruição inéditos e descontrolados. O desenvolvimento tecnoeconômico atual produz a degradação da biosfera, que, por sua vez, causa a degradação da civilização humana. Dito de outra maneira, a espaçonave segue para catástrofes sem que ninguém possa controlá-la.

Tudo isso evidencia as ambivalências e as complexidades dessa dupla planetarização. Não poderia a Europa produzir novos antídotos a partir de sua cultura, a partir de uma política de diálogo e de simbiose, de uma política de civilização que promoveria qualidades da vida, e não apenas o quantitativo, que interromperia a corrida pela hegemonia? Não poderia a Europa voltar às raízes do humanismo planetário que no passado ela própria forjou? Não poderia ela reinventar o humanismo?

III
Pensar a barbárie no século XX

Os primeiros germes da barbárie histórica aparecem, como vimos, há seis mil anos, nos grandes impérios do Oriente Médio. Eles se perpetuam até hoje e produziram diversas formas de barbárie de conquista e de colonização, como as de Tamerlão ou de Gengis Khan. Mas essas conquistas não formaram impérios duradouros, enquanto as da Europa Ocidental terão conseqüências a longo prazo: a colonização termina somente depois da Segunda Guerra Mundial, no anos 1960, e mais tarde ainda no que se refere a Portugal.

A partir do fim do século XV surge uma barbárie ligada à idéia de nação. A nação moderna fez surgir de fato — por conta de sua obsessão pela purificação, pureza religiosa e étnica — uma forma particular de barbárie que não existia no Império Romano ou nos antigos impérios do Oriente Médio e do

Extremo Oriente. O monoteísmo, principalmente o católico, pode provavelmente explicar em parte esse delírio de purificação, especialmente por conta de seu caráter exclusivo, de sua rejeição a outras religiões. Notemos que a Segunda Guerra Mundial levará ao seu cúmulo essas duas formas de barbárie.

No segundo capítulo, quis destacar um fenômeno aparentemente paradoxal: se a Europa Ocidental foi o foco da dominação bárbara no mundo, ela foi igualmente o foco das idéias emancipadoras, como a dos direitos humanos e da cidadania, graças ao desenvolvimento do humanismo. As idéias emancipadoras foram retomadas pelos representantes dos povos colonizados e submetidos: foi a partir da idéia dos direitos dos povos, direitos humanos e direitos das nações, que o processo de emancipação pôde ocorrer. Eu frisei, por fim, que a globalização, fenômeno cuja data de nascimento simbólica é 1492, se manifestou principalmente pelo tráfico negreiro e outros inúmeros tipos de sujeições. Mas acrescentei que uma segunda globalização se inicia, quase ao mesmo tempo: a dos direitos da humanidade, do direito das nações, da democracia. Enfim, vivemos hoje uma globalização contraditória: os fantásticos avanços da globalização tecnoeconômica suscitam, mas também asfixiam, uma globalização cidadã e humanista.

Agora, me preocuparei com a questão do surgimento dos totalitarismos, outro fenômeno europeu moderno. É às vezes criticada a utilização da mesma palavra "totalitarismo" para qualificar sistemas diversos, como foram o stalinista e o hitlerista. Acredito ser necessário adotar um ponto de vista complexo que destaque tantos as diferenças, as oposições, quanto as semelhanças e analogias. Da mesma forma, não podemos nos empenhar em justificar um totalitarismo comunista para melhor condenar um totalitarismo de extrema direita. O modo de reflexão que me guia não me permite seguir um pensamento unilateral e maniqueísta, e me recusei tanto a idealizar quanto a demonizar a Europa, levando sempre em consideração que ela produziu ao mesmo tempo o que há de melhor e de pior. Seguindo essa mesma ordem de idéias, recuso-me a distinguir uma ciência "boa" de uma ciência "ruim" etc. Também não acredito, como tentei demonstrar, que exista uma globalização "boa" e uma "ruim".

É preciso dizer inicialmente que não existiu um pensamento do totalitarismo, como existiu um pensamento do capitalismo (Marx), um pensamento da democracia (Montesquieu, Tocqueville), um pensamento da ditadura. O totalitarismo apareceu fora de todas previsões. É o fruto de um processo histórico, produto do enorme acidente que foi a Primeira Guerra Mundial. Essa guerra foi ao mesmo tempo uma explosão de barbárie mortífera e um ato suicida para a Europa.

Comecemos com o caso do comunismo soviético, caldeirão do totalitarismo stalinista. O marxismo, em sua origem, é um pensamento riquíssimo e ainda atual, principalmente no que diz respeito aos problemas da globalização. Mas a sua fraqueza reside no fato de não abordar verdadeiramente a questão do político. Marx concebe unicamente o Estado como instrumento da classe dominante, ou seja, como uma estrutura na lógica da guerra de classes e da relação entre as classes. Ele faz um estudo profundo dos conflitos sociais, mas não se interessa pelo que é propriamente político.

O pensamento marxista produziu duas vertentes, uma das quais se tornou rapidamente a socialdemocracia alemã, a partir da formação do partido socialdemocrata, que data da época de Engels. Essa primeira via se desenvolveu em oposição à tese de uma revolução violenta e brutal, "a grande noite", em que a revolta proletária aboliria o capitalismo, preferindo a isso uma estratégia reformista, gradual, ilustrada por Bernstein. No início do século XX, ocorre uma cisão no partido socialdemocrata russo entre uma tendência majoritária "bolchevique" e uma tendência minoritária "menchevique". O partido bolchevique constrói-se paulatinamente, dentro da Rússia czarista, na clandestinidade e sob repressão policial. Era uma organização centralizada, quase militar, que visava a controlar minuciosamente os membros, com o objetivo de evitar agentes infiltrados da polícia czarista, a Okhrana. Os particularismos do bolchevismo estão, portanto, no fato de ele ter surgido na Rússia czarista. Em 1914, ainda era um partido bem pequeno cujos dirigentes estavam em sua maioria exilados. Além do que, o marxismo tinha nessa época perdido muito de seu encanto no mundo intelectual russo, por conta de seu caráter limitado e sectário. Na *intelligentzia* russa, muito sensível às complexidades humanas, a mensagem de Tolstoi, que defendia um amplo fraternalismo, tinha uma influência bem maior.

O objetivo dos bolcheviques é a revolução burguesa. Estão todos convencidos, Lenin mais do que todos, de que a revolução burguesa é o pré-requisito para a revolução socialista. O capitalismo, a burguesia e o proletariado precisam se desenvolver para que este último, agora mais numeroso e forte, possa destituir a sociedade burguesa. Durante a Primeira Guerra, o grande número de derrotas russas provoca uma revolução democrática, que leva à queda do czarismo e à chegada ao poder do socialdemocrata Kerenski. Kerenski revela-se incapaz tanto de conduzir a guerra quanto de negociar a paz. Seu fracasso acentua a desmoralização das tropas e provoca uma manifestação operária em Petrogrado — antiga São Petersburgo e futura Leningrado. Os bolcheviques seguem o movimento e impõem habilmente uma dupla palavra de ordem: "a terra aos camponeses", o que evidentemente inflama os mujiques mobilizados, e "todo o poder aos sovietes", ou seja, os conselhos operários que tinham se formado nas fábricas de Petrogrado.

Cultura e Barbárie Européias

Ocorre então um fato de extrema importância: as teses de abril são escritas por Lenin. Nelas ele afirma a necessidade de dispensar a revolução burguesa na Rússia. Sendo a Rússia o elo mais fraco do mundo imperialista e capitalista, uma revolução no país deflagraria a revolução social nos grandes países industriais, como Inglaterra, Alemanha e França. Lenin tem muita dificuldade em convencer seus amigos bolcheviques da pertinência dessa tese, mas consegue, por fim. Ele prepara então o golpe de Estado de outubro. Em Petrogrado, os sovietes auxiliados pelos soldados amotinados ocupam o palácio e os prédios do governo. Essa revolução é levada a cabo não apenas pelos bolcheviques, mas também pelos anarquistas e socialistas revolucionários que partilham a mesma visão. São convocadas eleições para a assembléia constituinte, primeira assembléia constituinte democrática na Rússia. Mas, como os bolcheviques saem das eleições minoritários, Lenin logo dissolve a assembléia.

A guerra civil estoura, com as tropas brancas tentando restabelecer controle sobre Petrogrado. A intervenção estrangeira se fará presente desde o fim da Primeira Guerra Mundial. Nessas condições, inicia-se bem cedo um processo de radicalização extrema. São varridos os anarquistas, assim como os socialistas revolucionários; o partido bolchevique transforma-se num partido único, que dirige a Rússia transformada em União Soviética. Mas a situação econômica é catastrófica, a fome ameaça por toda a parte. Lenin decide então instaurar a NEP, Nova Política Econômica. A idéia era deixar um certo espaço para a economia de mercado, dar um pouco de liberdade aos pequenos camponeses, empresários e comerciantes, o que estimula um início de reconstrução econômica. Mas a NEP será abolida por Stalin em 1930.

Durante os anos 1920-1924, depois da vitória contra o exército branco e o abandono da intervenção estrangeira, não se criou na União Soviética uma sociedade nova, uma sociedade fundada em relações fraternais. Não houve a constituição de um verdadeiro poder do proletariado, pelo contrário, muito rapidamente foi o partido que não apenas passou a controlar a classe operária como a reprimiu. Sob a máscara de uma ditadura do proletariado, existia uma ditadura sobre o proletariado. Em 1921, os marinheiros da cidade de Kronstadt se revoltam.

Eles demandam a implementação de um programa verdadeiramente popular, socialista e democrático. Trotski, chefe do Exército Vermelho, faz com que sejam impiedosamente massacrados.

O fracasso da revolução russa é fundamentalmente cultural, já que não emergiu naquela altura uma cultura socialista. Também não houve revolução mundial. Essa ausência permitiu a vitória do stalinismo. O stalinismo abandona totalmente a perspectiva revolucionária mundial, pretendendo apenas construir o socialismo em um único país, através do desenvolvimento industrial. Esse fracasso da idéia socialista, fraternal e humanista, é bastante semelhante ao fracasso espiritual do cristianismo, que, ao se instituir, desfigurou a mensagem original do Cristo. Jesus tinha dito aos seus discípulos que voltaria quando ainda estivessem vivos. Durante quase um século, os discípulos e seus descendentes viveram certos de que o fim dos tempos estava próximo, que a grande noite chegaria. Quando ficou patente que a grande noite não chegaria, efetuaram então a construção de uma Igreja hierarquizada, organizada, potencialmente "totalitária" em certo sentido. Assim, o fracasso da mensagem redentora de Jesus provocou o triunfo da Igreja Católica. Da mesma forma, pode-se dizer que o fracasso cultural do socialismo na União Soviética provocou a implementação do socialismo real e o desenvolvimento espetacular de sua força, sob as rédeas de Stalin.

Pela primeira vez, instala-se um sistema totalitário. O que significa isso? Primeiramente, que todos os elementos da sociedade civil, política, econômica, cultural, pedagógica, aos quais se soma a polícia, o exército, a juventude, são controlados e dirigidos pelo partido. Este torna-se um centro ao mesmo tempo onisciente e onipotente. O partido e seus dirigentes devem ter o conhecimento supremo das leis da sociedade e da história, conhecimento próprio do marxismo-leninismo. O totalitarismo não é, portanto, o controle hipertrofiado do Estado. É a instauração de um partido que tem um enorme poder e que controla o Estado. O Estado não é nada além de um instrumento nas mãos do partido, que tudo controla. O totalitarismo pode ser definido como uma organização total a partir de um partido único. Da mesma forma que um sistema teocrático se funda num faraó-deus que tudo sabe e pode, o totalitarismo se baseia sobre um sistema em que os dirigentes devem saber tudo, dispor de um conhecimento verdadeiro e lúcido. Sobre esse saber que se afirma como absolutamente verdadeiro se elabora um poder absoluto.

É importante notar que não há aqui determinismo histórico. A Revolução de Outubro não deveria necessariamente produzir o totalitarismo stalinista, aliás não mais do que uma "lógica" qualquer do próprio marxismo, ou do leninismo, não deveria obrigatoriamente conduzir à barbárie totalitária. O totalitarismo não era previsível, não tinha sido voluntária e intencionalmente desejado, como acreditam aqueles que reduzem sempre a história a uma série de conspirações. Alguns elementos no marxismo permitiam o desvio totalitário, enquanto outros conduziam a outros caminhos. Esse desvio, aliás, nem chegou a ser teorizado por Lenin. Pelo contrário, em *O Estado e a revolução*, ele anuncia que as conseqüências da revolução serão o enfraquecimento e a supressão do Estado. O sistema soviético se instala, na verdade, após uma série de perturbações históricas. E vai se manter, em parte, por conta do atraso de uma burocracia czarista, de que é herdeiro, e também por conta do cerco capitalista, que vai reforçar suas tendências obsidionais.

* * *

Mussolini, antes de tudo, foi um socialista. Em 1919, fundou os "Fasci italiani di combattimento". Não era ainda um partido, mas uma reunião em ligas, em condições extremamente tumultuadas, de antigos combatentes e sindicalistas. O elemento nacionalista é virulento, exacerbado pelas decepções ocasionadas pelo tratamento considerado injusto da Itália depois da guerra. O tratamento tinha o efeito de uma verdadeira humilhação, já que a Itália fazia parte do grupo dos vencedores. Mussolini sobe ao poder em 1922. A seguir à Marcha sobre Roma, o rei Victor-Emanuel III é obrigado a lhe conceder o poder. O parlamentarismo é mantido até 1925, mas, depois do assassinato de Matteotti pelos fascistas, as leis "fascistíssimas" organizam a ditadura baseada num partido único. No entanto, esse totalitarismo permanece inacabado, porque subsiste um pequeno setor que abriga a realeza, um compromisso com a Igreja, e a economia capitalista continua a funcionar. O que convém sobretudo notar é o ingrediente nacionalista. O fascismo italiano é um nacional-fascismo e, como o nazismo, um nacional-socialismo. Ele nasce, é verdade, das condições econômicas desastrosas do pós-guerra, mas também e sobretudo de sentimentos nacionalistas desapontados e exacerbados.

Hitler, que é austríaco, se alistou no exército bávaro durante a Primeira Guerra Mundial. Em 1925, ele se une a um pequeno partido, o "Deutsche Nationalsozialistische Arbeiter Partei" (DNSAP), o partido nacional-socialista alemão dos trabalhadores. Mais uma vez, a ideologia socialista e a ideologia nacional estão fortemente ligadas. Em 1924, depois de um golpe de Estado malsucedido em Munique, Hitler elabora a sua doutrina em *Mein Kampf*. Esse texto comporta de fato aspectos fundamentalmente racistas, anti-semitas e também a idéia de que a Alemanha deve conquistar seu "Lebensraum", seu espaço vital. Ele se revolta contra o fato de a Alemanha ter sido privada de colônias na África e em outros continentes. O espaço vital da Alemanha será, portanto, a Europa do Leste. E já que a teoria racista afirma a superioridade dos arianos alemães e a inferioridade dos eslavos, é de certa maneira a Ucrânia que deve oferecer-se à colonização alemã. O DNSAP continua pouco representativo até as eleições de 1930, na qual cento e trinta deputados nazistas são eleitos para o Parlamento. Como explicar?

A grande crise econômica mundial iniciada em 1929 em Wall Street nos Estados Unidos se espalhou pela Alemanha com uma força impressionante. A Alemanha era então o país mais industrializado da Europa, e essa crise, que atingiu todos os setores da sociedade, deixou desempregada grande parte da classe operária. Soma-se a essas condições de desemprego e à crise econômica a humilhação nacional. O Tratado de Versalhes privou a Alemanha de territórios de língua alemã, em especial de boa parte da Prússia Oriental, que foi cedida à Polônia, criando assim o corredor de Dantzig. Mas fica, com isso, principalmente evidente a fraqueza da democracia de Weimar. A desunião dos democratas não permitiu que Hitler adquirisse a maioria absoluta no Parlamento, o que aliás ele nunca obteve, mas lhe permitiu aumentar a força e representatividade de seu partido. Quando ele se apresenta às eleições para a Presidência da República, perde. É Hindenburg que é eleito. Hitler negocia então com os partidos de direita para garantir uma maioria. O estratagema funciona, e ele é convocado como chanceler pelo presidente da República. Tudo isso ocorre em meio a uma desunião catastrófica. O partido comunista da época tem como maior inimiga a socialdemocracia. Os comunistas acreditam que, se Hitler chegar ao poder, sua incapacidade para resolver os problemas sociais e econômicos permitirá que eles então, por sua vez, cheguem ao poder. É nessas circunstâncias, e legalmente, que Hitler é nomeado chanceler do Reich pelo marechal Hindenburg, em 30 de janeiro de 1933.

Hitler logo decreta então a dissolução dos partidos comunista e socialista, e já em 1933 a Gestapo é criada. A instalação dos campos de concentração para os adversários é decidida, e em junho de 1933, pouco depois de sua chegada ao poder, ele proclama como partido único o partido nazista. Os SS e os SA, grupos militarizados, já garantem a ele uma força assustadora. Isso permite que ele comande uma faxina violenta entre os adversários políticos, mas também que promulgue as primeiras medidas antijudaicas e ponha em prática as primeiras perseguições. Alguns judeus deixam a Alemanha. Hitler ainda não tenta evitar a fuga, o objetivo na altura é isolar e marginalizar.

A oposição a Hitler é muito forte quando ele toma o poder nessa Alemanha democrática de Weimar, mas, contrariamente às previsões dos políticos, o sucesso econômico vai garantir-lhe enorme popularidade. Antes mesmo do *boom* da indústria armamentista, Schacht, ministro da Economia de Hitler de 1934 a 1937, consegue através de receitas econômicas não ortodoxas fazer com que a máquina industrial volte a funcionar e reabsorva os desempregados. Esquecemos muitas vezes esse fator que foi o sucesso econômico. Ele constituiu um trunfo importante para o hitlerismo. O fato de a economia alemã ter podido funcionar até o fim, inclusive durante os piores reveses militares e apesar dos bombardeios impressionantes dos Aliados, deixa claro a que ponto o fator industrial e econômico foi importante. Mas o nazismo também avançou graças a uma série de sucessos no plano político. A remilitarização da região do Ruhr foi uma etapa determinante. Os franceses nada fizeram diante da reocupação desse território pelo exército alemão. Outro exemplo foi o Anschluss, a anexação da Áustria. Na anexação dos Sudetos, a cadeia de montanhas que constituía o bastião da Tchecoslováquia e era povoada principalmente por alemães, Hitler demonstrou grande audácia e cinismo. Através dos acordos de Munique, que violavam abertamente os compromissos da França e da Inglaterra com a Tchecoslováquia, ele conseguiu obter dos franceses e dos ingleses a anexação dos Sudetos à Alemanha. A Wehrmacht invade então a Tchecoslováquia, anexando 30.000 km² de seu território.

Num país como a França, de forte tradição pacifista de esquerda e marcado pela experiência da Primeira Guerra Mundial, o elemento mais determinante é a vontade de paz. Diante das conquistas hitleristas, o campo dos defensores da paz fica extremamente dividido: para uns, Hitler realiza o direito dos povos a disporem de si mesmos; para outros, essa militarização e esse apetite pela anexação são o que pode haver de mais inquietante.

O nazismo é um produto catastrófico da barbárie européia, e tem a sua fonte justamente na nação mais culta da Europa. Os grandes poetas como Goethe, os grandes músicos como Beethoven, as tradições democráticas que existiam bem antes da Primeira Guerra Mundial não bastaram, portanto, para conter a barbárie. Esse fato tantas vezes impressionou as pessoas, mas não convém nele se debruçar por demais. Pelo menos não a ponto de esquecer que stalinismo, fascismo e nazismo, apesar de nascerem de fato na civilização, inclusive de seus exemplos mais elevados, surgem apenas em condições históricas determinadas. São essencialmente conseqüências da Primeira Guerra Mundial. Em outras condições, e talvez contando com alguns felizes acasos, os fermentos de civilização teriam podido evitar o totalitarismo. Sem a Primeira Guerra Mundial, não teria havido nem comunismo, nem fascismo, nem nazismo. Sem a crise de 1929, não teria havido o sucesso político nazista em 1933. Foram a guerra e a crise que levaram Hitler ao poder. O nazismo é um produto tardio da Primeira Guerra Mundial, assim como o comunismo é seu produto imediato. Juntos, serão os co-produtores da Segunda Guerra Mundial.

Assistindo à capitulação dos ocidentais diante de Hitler em Munique, e temendo que eles não acabem por deixar Hitler livre para agir, Stalin se antecipa e assina o Pacto Germano-Soviético com Hitler, por intermédio de Ribbentrop. Esse pacto permite à Alemanha atacar a Polônia, mas também comporta um certo número de cláusulas, como a ocupação de uma parte da Polônia pela União Soviética e o controle dos países bálticos — a Lituânia, a Estônia e a

Cultura e Barbárie Européias

Letônia. Graças a esse pacto, Hitler fica livre para atacar pelo leste e pode iniciar uma guerra relâmpago contra a Polônia. Depois vem a campanha da França e a desintegração do exército francês. Foi justamente o pacto dos dois totalitarismos que deflagrou a Segunda Guerra Mundial.

Abordemos agora a famosa questão da avaliação recíproca dos totalitarismo hitlerista e stalinista. Podemos desde já observar uma diferença evidente nos fundamentos ideológicos desses dois sistemas. A ideologia comunista é internacionalista, universalista, igualitária; a ideologia nazista é racista. As cartas do nazismo já tinham sido postas na mesa desde *Mein Kampf*, enquanto a ideologia fraternal do comunismo, explicitada no evangelho que é o *Manifesto do Partido Comunista* de Marx, ocultou por muito tempo os crimes do totalitarismo soviético. Milhões de seres humanos estavam convencidos de que os soviéticos eram livres e felizes. Um outro ponto de comparação é o nacionalismo, e mais uma vez muitos ficaram tentados a considerar que esse ponto provaria uma diferença na barbárie, menor, é o que parece, no sistema stalinista. É verdade que o nacionalismo está na origem do nazismo, enquanto é no internacionalismo que se encontra o fundamento da revolução soviética. No nacionalismo nazista, o antijudaísmo tem papel fundamental. Ele serviu, de certa maneira, como liga a esse sentimento nacional, segundo a lógica do bode expiatório, descrita por René Girard. O internacionalismo não estava, no entanto, ausente no nazismo. No fim da guerra, existe um europeísmo dos SS: alguns são noruegueses, outros, franceses etc. Eles partilham o mito da Europa nacional-socialista, mas tendo sempre como base um racismo de exclusão, em que todos os elementos heterogêneos deveriam ser rejeitados.

O totalitarismo soviético não tem na sua origem uma base nacionalista, portanto no início o componente antijudaico é inexistente. Havia dentro do partido bolchevique um grande número de judeus, Trotski para começar. Além disso, a Liberação, como o horror que causou a descoberta dos campos de exterminação, vai conter o avanço dos fenômenos de rejeição, que começavam a se manifestar. No entanto, progressivamente os judeus vão sendo marginalizados no Komintern (Stalin, depois do alegado complô dos "jalecos brancos", considerou inclusive a deportação dos judeus para a Sibéria), e durante a Guerra Fria o antijudaísmo, a denúncia do "cosmopolitismo judeu" não mais se dissimulam. Vemos portanto, pelo menos no que diz respeito à barbárie de intolerância e exclusão do outro, que os dois sistemas, de inspirações, no entanto, muito diferentes, acabam por convergir. Sobre a barbárie exterminadora, falarei um pouco mais tarde, mas posso desde já dizer que aí também haverá elementos comparáveis.

É preciso agora abordar a questão do racismo nazista e tentar entendê-la. A associação do nacionalismo e do racismo não é evidentemente uma invenção nazista. Há germes racistas nos nacionalismos exaltados ou virulentos. Até mesmo na Espanha da Reconquista podemos encontrar, como já tentei mostrar, o tema da pureza do sangue. Mas, para que se possa realmente falar em racismo, é preciso que surja uma conceituação racial legitimada, validada pela antropologia científica. Ora, de fato a ciência antropológica, sem ser nazista, durante muito tempo defendeu que as raças eram qualitativamente distintas, afirmando a superioridade de algumas. Lembro-me que, nos livros de geografia da minha infância, a raça branca era definida pelas qualidades eminentes, enquanto os "Negros" eram apresentados como preguiçosos e indolentes, e os "Amarelos" como hábeis e espertos. O homem branco, celebrado por Kipling, evoca o racismo latente.

Uma certa antropologia, como a ilustrada por Georges Vacher de Lapouge (1854-1936), desenvolveu o tema da superioridade da "raça ariana" desde o século XIX. Sabemos que Gobineau tinha também defendido essa superioridade e que, por intermédio de Wagner, influenciou Hitler. Chamberlain, que escreveu em 1899 *Os fundamentos do século XIX*, pretendia fundar cientificamente a superioridade racial dos arianos. Ele elaborou a teoria de um racismo que ainda não era sistematicamente hierárquico. Mas foi ele que introduziu o critério da pureza do sangue na definição da "raça ariana", considerando o judeu um "sangue misturado", logo biologicamente inferior. As coisas pouco a pouco tomarão um caráter muito grave, com o anti-semitismo (racial) se sobrepondo ao antijudaísmo (religioso). O antijudaísmo pode ter sido violento e bárbaro, inspirando *pogroms* e mortes na fogueira, mas como privilegiava a dimensão religiosa, os judeus que se convertiam sinceramente eram poupados. Já o anti-semitismo é uma atitude de rejeição do judeu, considerado racialmente outro.

O anti-semitismo combate a suposta perversidade radical e racial dos judeus. Essa raça pervertida seria portadora de um vírus que poderia desintegrar as essências nacionais. Vemos, portanto, como o anti-semitismo funcionou como um meio delirante de salvar as essências nacionais do perigo da dissolução e da corrupção. Nesse processo, é claro que as idéias racistas desempenharam o papel importante que acabo de assinalar, mas não se pode esquecer o peso dos fatores históricos, econômicos, o clima de desastre humano da Primeira Guerra Mundial. Seria tão simples se a barbárie pudesse existir apenas nas idéias.

Sabemos muito bem que existiu um anti-semitismo francês que se deflagrou principalmente por ocasião do caso Dreyfus. O livro de Eduardo Drumont, *La France juive*, publicado em 1886, apresenta os judeus como agentes do mal que infiltraram toda a sociedade e a colocam em perigo. Esse caso acordou esses laivos de barbárie adormecida. Mas acordou também uma forte tradição republicana e humanista, cuja luta obstinada permitiu provar a inocência de

Dreyfus. A França pró-Dreyfus venceu a França anti-Dreyfus. Esta última só terá a sua revanche no governo de Vichy. O anti-semitismo fica, portanto, interrompido, ou melhor, contido, na França Republicana. Nem por isso os anti-semitas se contêm. Eles se focalizam no judeu emancipado, já reconhecido como cidadão, assimilado pela sociedade. Para eles, esse judeu seria mais perigoso porque parece ser como os outros, mas não o é; ele possui uma "inquietante estranheza". Quanto mais os judeus se parecem com os outros, mais eles se tornam uma ameaça que comporta tudo o que pode desintegrar uma nação: eles são judeu-bolcheviques, judeu-capitalistas, judeu-maçons etc.

Diante dos ataques anti-semitas, tentando ignorar ou se opor, os judeus desenvolveram pelo menos três tipos de reação. O primeiro tipo se manifesta entre aqueles que se sentiam integrados, que se reconheciam na categoria cidadão, participavam da existência nacional, como os judeus da Alsácia ou da região do Midi. Eles se consideravam franceses, já que a França os havia reconhecido como tais. A França não era apenas a pátria dos Gobineau, dos Lapouge e dos Drumont, ela também era, sobretudo, a França da integração, que defende os direitos dos homens e dos cidadãos e que saiu vitoriosa contra os perseguidores de Dreyfus. Mas, apesar de tudo, havia neles uma bipolaridade que fazia com que sentissem, muitas vezes inconscientemente, o caráter por demais limitado do contexto nacional. Daí o segundo tipo de reação: alguns desenvolveram conscientemente um metanacionalismo. Eles se sentiram motivados por uma vontade de ir além da nação. Por um lado, porque eles acreditavam que haveria sempre num contexto nacional, independentemente de qual fosse ele, tendências antijudaicas que os rejeitariam; por outro lado, por conta de uma inclinação universalista. O internacionalismo surge para eles como a solução para evitar os perigos do nacionalismo. E o socialismo vai alimentar o sonho de uma outra sociedade, e de um outro mundo. Esse sonho era o de Dom Quixote, imaginado pelo marrano que era Cervantes. De um lado, portanto, o pólo da integração nacional, e do outro o do internacionalismo. Uma terceira reação se desenvolve lentamente em torno do pólo sionista. O sionismo tem em parte a sua origem no caso Dreyfus. Um jovem jornalista húngaro, Theodor Herzl, assiste à cerimônia de degradação militar do capitão Dreyfus. Comovido, revoltado pelo clima de ódio anti-semita, ele chega à conclusão de que os judeus não devem mais buscar a integração, mas criar o seu próprio Estado nacional. Os sionistas vão muito rapidamente criar colônias na Palestina. Esse movimento vai se ampliar, cumprindo as etapas em direção à construção do Estado de Israel.

Nesse intervalo, ocorreram as exterminações da Segunda Guerra Mundial na Alemanha. O que é paradoxal é que muitos judeus alemães se identificavam fortemente com a nação alemã. Durante uma visita à Haifa em Israel, pude conhecer uma importante colônia de imigrantes judeus alemães. Parece que muitos choraram com o anúncio da derrota alemã de Stalingrado.

Como explicar agora, ou tentar explicar, a explosão final da barbárie, o extermínio propriamente dito? A partir de 1935, ano da promulgação das primeiras leis anti-semitas, o governo se limita a espoliar os judeus alemães, a lhes negar a cidadania, a impedir o casamento com "arianos". Em 1941, a dominação nazista na Europa é total. Ocorre uma série de massacres locais, alguns cometidos pelos SS, outros pelo exército. Paralelamente, os nazistas criam os guetos, como os de Varsóvia e Cracóvia. A vontade nazista ainda é expulsar da Europa todos os judeus. A deportação maciça a Madagascar é a certa altura considerada. Estudos foram feitos nessa ilha para ter garantias de que o subsolo do território não era rico demais. Esse processo de expulsão maciça nos remete à expulsão dos mouriscos no século XVII. A guinada que conduz à solução final exterminadora ocorre no fim do ano 1941 e no início de 1942. Em setembro de 1941, bloqueado por um inverno precoce e extremamente rigoroso, o exército alemão não consegue penetrar em Moscou. Nesse meio-tempo, Stalin, depois de ser informado pelo espião Richard Sorge que os japoneses não atacariam a Sibéria, ordenou a retirada dos contingentes do Extremo Oriente. Ele passa o comando do *front* de Moscou ao eficiente Joukov. No dia 6 de dezembro de 1941 começa a contra-ofensiva soviética, que vai durar de janeiro a abril e fará com que as tropas alemãs recuem 350 km a oeste. Foi o primeiro recuo militar que Hitler conheceu. No dia 7 de dezembro, os japoneses atacam Pearl Harbor e os Estados Unidos entram na guerra. Pela primeira vez, Hitler concebe a possibilidade de derrota. Uma interpretação plausível seria então supor que ele quis evitar que a derrota nazista se tornasse o triunfo dos judeus. Decide então liquidá-los. A "solução final" é elaborada em 20 de janeiro de 1942. A partir de 1942, começam as deportações e extermínios em massa dos judeus. É verdade que Auschwitz já tinha sido potencialmente descrito em *Mein Kampf* e que o racismo exacerbado do nazismo já carregava potencialmente o extermínio. Mas foram necessários o paroxismo da Segunda Guerra Mundial e o fantasma da derrota para que ele se produzisse de fato e de forma sistemática.

Não esqueçamos que o ódio racial e a vontade exterminadora dos nazistas não se concentram somente no judeus. Enquanto eles são eliminados sob o pretexto de perversidade e impureza do sangue, os ciganos ou rom o são por serem considerados "lixo" a ser eliminado, os "débeis mentais", por serem indignos de pertencer à raça ariana. Os eslavos, mesmo não sendo explicitamente condenados ao extermínio, são destinados a serem colonizados e explorados.

* * *

Sabemos que essa operação de extermínio dos judeus, o destino que lhes foi reservado particularmente em Auschwitz, foi ocultada ou mais ou menos ignorada no imediato pós-guerra na França. Podem existir duas razões para isso. Primeiramente, houve na França 86.000 deportados políticos e 75.000 deportados judeus. Nos outros países, 60 a 75% dos judeus foram deportados, o que constitui uma proporção claramente maior. Na Bulgária, há mais judeus ao fim da guerra do que no início. Por que somente esse país e a França não foram tão atingidos? Na Bulgária, sob a pressão da *intelligentzia* parlamentar, o rei se recusou a dar a Hitler a permissão para deportar os judeus do país. Na França, as convicções republicanas e humanitárias levaram muitos cidadãos a esconder judeus e a Resistência lhes forneceu documentos falsos. A maior parte dos judeus deportados da França não voltou. Quando a Federação Nacional dos Deportados Repatriados Patriotas, a FNDIRP, foi criada, ela reuniu os deportados, os internos nos campos franceses e os resistentes. Os judeus, considerados "patriotas", não são contabilizados como tal na FNDIRP.

* * *

Hoje em dia, o reconhecimento do extermínio dos judeus europeus se desenvolve paralelamente à auto-afirmação de uma identidade judaica, que foi favorecida pela existência de Israel. Cada vez mais, a evocação do martírio judeu sofrido em Auschwitz serve de certa maneira para proteger Israel contra os que vêem esse país como um opressor dos palestinos. Durante a comemoração da libertação de Auschwitz, em 27 de janeiro de 2005, assistimos a uma espécie de superexposição do martírio judeu, deixando de lado os ciganos, os eslavos e os resistentes. Essa superexposição foi destacada tanto por Annette Wieviorka quanto por Simone Weil. Annette Wieviorka, em seu livro *Auschwitz, 60 ans après*, lembra a composição do campo: internos políticos, criminosos, homossexuais, testemunhas-de-jeová, prisioneiros de guerra soviéticos, judeus. Ela evoca também as dificuldades de introduzir a qualificação de "crime contra os ciganos".

O reflexo direto dessa comemoração concentrada exclusivamente no martírio judeu foi o pedido, por parte dos negros da Martinica e da África, de reconhecimento da barbárie que foi também a escravidão. Quanto à Argélia, houve um reconhecimento tardio do massacre de Setif. Durante a guerra da Argélia, massacres foram cometidos por ambas as partes. Mas eram os franceses que mantinham a Argélia sob a tutela da colonização. Daí a demanda de reconhecimento por parte da Argélia.

Podemos, portanto, dizer que, através das lembranças das vítimas do nazismo, mas também através das lembranças da escravidão das populações africanas deportadas e das da opressão colonial, o que vem à tona à nossa consciência é a barbárie de uma Europa Ocidental, que se manifestou pela escravidão e pela sujeição dos povos colonizados. O nazismo é tão-somente o último estágio, o nazismo que combatia as raças que declarava inferiores, corrompidas e impuras: os eslavos eram inferiores, os ciganos, impuros, os judeus, ao mesmo tempo impuros, inferiores e perversos. Mas não separemos os mártires judeus de todos os mártires da barbárie.

Para terminar, gostaria de insistir na idéia de que é preciso evitar se fechar num pensamento binário, ou seja, num pensamento obnubilado por um único pólo de atenção, em detrimento dos outros. Se insistirmos demais em Auschwitz apenas, correremos o risco de minimizar insidiosamente o *gulag* e de nos calarmos diante das outras barbáries. Ora, se nos limitarmos unicamente ao fator quantitativo, o número de mortos provocados pelo sistema concentracional soviético foi muito maior. O *gulag* durou mais tempo do que o período de extermínio nazista, que começou em 1942 e terminou no começo de 1945. Ele terminou numa hecatombe, que em poucos dias deixou tragicamente apenas alguns sobreviventes. O tifo, as longas marchas esgotantes conduzidas pelos SS para escapar do avanço dos Aliados foram terrivelmente mortais. Quando os Aliados chegam às portas de Dachau, deparam com pilhas de cadáveres. Ficamos então com a impressão de que o horror nazista se limitava a esse efeito de empilhamento de corpos. Na realidade, isso aconteceu porque a máquina de extermínio e de eliminação tinha acabado de parar. Os fornos já não funcionavam, os corpos se empilhavam. Ora, o horror reside menos nesse empilhamento de cadáveres do que no funcionamento perfeito dessa máquina de morte. Não se pode deixar que uma imagem, por mais eloqüente e terrível que seja, nos ofusque a realidade. É um pouco o que ocorre. O genocídio judeu parece mais terrível do que o extermínio maciço que foi o *gulag*, a cujas imagens não tivemos acesso, e que foi por muito tempo ocultado. Tudo isso para dizer que a tendência em negar o *gulag* em prol de Auschwitz, ou inversamente, não faz evidentemente sentido. Devemos desconfiar da barbárie mental que, para minimizar consciente ou inconscientemente os crimes do stalinismo, faz do hitlerismo o horror supremo e absoluto.

As trágicas experiências do século XX devem conduzir a uma nova reivindicação humanista: que a barbárie seja reconhecida pelo que ela é, sem qualquer simplificação ou falsificação. O que importa não é o arrependimento, mas o reconhecimento. Esse reconhecimento deve passar pelo conhecimento e pela consciência. É preciso saber o que de fato ocorreu. É preciso ter consciência da complexidade dessa tragédia colossal. Esse reconhecimento deve incluir todas as vítimas: judeus, negros, ciganos, homossexuais, armênios, colonizados da Argélia ou de Madagascar. Ele é fundamental se quisermos superar a barbárie européia.

É preciso que sejamos capazes de *pensar* a barbárie européia para ultrapassá-la, pois o pior é sempre possível. No meio do deserto ameaçador que é a barbárie, estamos, por enquanto, sob a relativa proteção de um oásis. Mas sabemos também que vivemos hoje em condições histórico-político-sociais que tornam o pior sempre possível, principalmente nos períodos paroxísticos.

A barbárie nos ameaça, por trás das próprias estratégias que supostamente se opõem a ela. O melhor exemplo é Hiroshima. Falei muito sobre Auschwitz e o *gulag*, mas não se pode esquecer Hiroshima. A idéia que leva a essa nova barbárie é a aparente lógica que coloca na balança as duzentas mil mortes causadas pela bomba e os dois milhões de mortes, dois quais quinhentos mil soldados americanos, que a prolongação da guerra por métodos clássicos teria custado — se calcularmos a partir de uma extrapolação das baixas causadas unicamente pela tomada de Okinawa. Antes é preciso dizer que esses números foram propositalmente exagerados, mas, principalmente, não podemos ter receio de evidenciar um fator decisivo que pesou na decisão de recorrer à bomba atômica. Para o presidente Truman e muitos americanos, os japoneses eram apenas ratos, sub-homens, seres inferiores. Além disso, estamos aí diante de um evento de guerra que contém um ingrediente de barbárie suplementar: os avanços extraordinários da ciência colocados a serviço de um projeto de eliminação tecnocientífica de uma parte da humanidade. E eu repito: o pior é sempre possível.

Dessa forma, com respeito à Europa, o que é preciso evitar a qualquer preço é a boa consciência, que sempre é uma falsa consciência. O trabalho de memória deve deixar com que venha à tona em nós o fantasma das barbáries: sujeição, tráfico negreiro, colonização, racismos, totalitarismos nazista e soviético. Esse fantasma, ao se integrar à idéia de Europa, faz com que integremos a barbárie à consciência européia. É uma condição indispensável se quisermos superar os novos riscos de barbárie. Mas como também a má consciência é falsa consciência, o que precisamos é de uma *dupla consciência*. À consciência da barbárie deve-se integrar a consciência de que a Europa produz, através do humanismo, universalismo e da escalada progressiva de uma consciência planetária, os antídotos contra a sua própria barbárie. Essa é a outra condição para superar os riscos sempre presentes de novas e piores barbáries.

Nada é irreversível, e as condições democráticas humanistas devem regenerar-se em permanência, caso contrário elas se degeneram. A democracia precisa recriar-se em permanência. *Pensar* a barbárie é contribuir para a regeneração do humanismo. É, portanto, a ela resistir.